心安,灵魂的归宿。

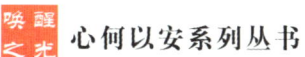 心何以安系列丛书

心何以安

心安是家

胡山林 著

河南大学出版社
HENAN UNIVERSITY PRESS

图书在版编目(CIP)数据

心何以安.心安是家/胡山林著.—郑州:河南大学出版社,2015.2
ISBN 978-7-5649-1913-9

Ⅰ.①心… Ⅱ.①胡 Ⅲ.①人生哲学－通俗读物 Ⅳ.①B821.49

中国版本图书馆CIP数据核字(2015)第043730号

责任编辑 孙小成
责任校对 周 云
封面设计 郭 灿

出 版	河南大学出版社
	地址:郑州市郑东新区商务外环中华大厦2401号 邮编:450046
	电话:0371—86059713(营销部) 网址:www.hupress.com
排 版	郑州市今日文教印制有限公司
印 刷	河南省瑞光印务股份有限公司
版 次	2017年2月第1版 印 次 2017年2月第1次印刷
开 本	889mm×1194mm 1/32 印 张 6.5
字 数	169千字 定 价 28.00元

(本书如有印装质量问题,请与河南大学出版社营销部联系调换)

目　录

上篇　家园何在
人类追寻的精神家园往往是设想中的理想世界

一、西方人的天堂与乐园　/003
二、中国人的仙境与乐土　/008
三、理想世界的失落与重建　/012
四、理想世界的价值和意义　/016

中篇　追求心安的人
此心安处是吾乡

一、历史、现实中人　/023
　（一）乐喜：以不贪为宝　/023
　（二）刘宠：一钱太守　/025
　（三）杨震："天知，神知，我知，子知，何谓无知！"　/026
　（四）诸葛亮：崇高源于执着的精神追求　/028
　（五）陶渊明："任真""固穷"心自安　/030
　（六）杜甫：忠爱缠绵为心安　/033

（七）苏轼：面向宇宙的沉思使世俗的心灵得到安宁 /037
（八）冯友兰：视学术为生命，书写不完心放不下 /045
（九）黄万里：良知良心是立身处世的最高原则 /047
（十）史铁生：当代最有灵魂的作家 /051
（十一）出租车司机夫妇：敬畏良心 /057
（十二）孙水林、孙东林：20年坚守承诺，被人们赞为"信义兄弟" /059
（十三）徐月胜、许涛：草根阶层的诚信 /060
（十四）王中霞：机舱清洁员两年交还失物价值百万 /063
（十五）曹德旺：亿万富翁、大企业家与不识字的结发妻子不离不弃 /063
（十六）兰越峰：坚持医德底线，受尽迫害终无悔 /067

二、艺术作品中人 /072
（一）精卫：知其不可而为之，尽人事而后心安 /072
（二）关羽：拒绝一切贿赂，坚持人格操守 /074
（三）唐成：当官不与民做主，不如回家卖红薯 /077
（四）贾宝玉：忏悔者的性格与心灵 /079
（五）隋抱朴：为良心安宁无条件结束一切旧怨 /084
（六）《咱爸咱妈》中乔家人：亲情重如山 /088
（七）周晋：千万别做亏心事 /092
（八）聂致远："唯一的理由，就是心灵的理由" /100
（九）浮士德：在永无休止的追求中安慰自己的灵魂 /105
（十）冉阿让：良心就是上帝 /112
（十一）聂赫留朵夫：从犯罪到赎罪的"复活"之旅 /123
（十二）《心》的主人公：即使是胜利者，心若不安，生活就成了自我惩罚 /135

(十三)辛德勒:良知指引,从纳粹虎口中救出一千多名犹太人 /140
(十四)《泰坦尼克号》人物群:人类良知的典范 /143
(十五)哈罗德·弗莱:一个人的朝圣 /149

下篇 心安于理得
得理方能心安

一、对于群体而言,"理"的内涵是多元的 /155
二、对于个体而言,"理"的内涵是丰富的 /160
三、"理"属心,属灵,具有崇高性和超越性 /162
四、坚守"理",心就安 /165
五、只要寻找,家就在你心中 /167

附录
佛教与心安:我对佛教的理解 /169

结语
心安其实很简单 /202

上篇　家园何在

人类追寻的精神家园往往是设想中的理想世界

这里的家园,不是物质的而是精神的,即精神家园。精神家园往往是人类设想中的理想世界。追求美好的理想世界可以说是人类的天性,人类自理性觉醒以来就时时在构画着理想世界的蓝图,并为之而竭尽全力地奋斗。那么人类历史上有过哪些理想世界的构想呢?由于特定的社会心理需求,这一问题近年来成为我国思想文化界关心的重要话题。对此,已有不少论者进行过梳理,最为系统的当属鲁枢元先生的《乌托邦之思》(鲁枢元:《精神守望》,东方出版中心,1998)。在这篇文章中,作者例数了西方和中国历史上的乌托邦即理想世界,并对之一一进行了分析和批判,让我们对此有了全面的了解和认识。

清华大学葛兆光教授说,理想世界是文学和宗教的一个永恒主题。所谓"理想世界",就是人们对生活最美好的设想,通常在这个理想化了的世界中生活的人都拥有富庶的生活、永恒的生命和自由的心境,这在古今中外都无一例外。不过,各个时代关于理想世界的设想并不一致,各个民族关于理想世界的设想也不一致,各个宗教以及它们影响下的文人心目中的理想世界更是千差万别。(葛兆光:《中国宗教与文学论集》第 137 页,清华大学出版社,1998)人类对理想世界的追求常常体现并保存在艺术和宗教(宗教往往渗透在艺术里,借艺术加以表现)里,一部文艺发展史,从一个侧面看,差不多可以说是人类追求和寻觅理想世界的历史。那么,各个民族、各个时代、各个宗教所设想的理想世界到底是怎样的呢?这种理想世界在文学、文化中是怎样表现的呢?

上篇　家园何在

一、西方人的天堂与乐园

众所周知,天堂是基督教,同时也是西方文化和西方文学的核心概念之一。因为基督教文化是西方文化最重要的内容之一,基督教尊崇的最高偶像是上帝,天堂是上帝居住的地方,当然也是人们最向往的地方。换句话说,天堂也就是西方人所设想的理想世界。可以说,天堂概念贯穿了基督教文化史,也贯穿了西方文化和文学史。

纵观西方文学史,与天堂有关的作品不胜枚举。对此,牛津大学威克里夫学院院长阿利斯特.E.麦格拉斯曾作过系统的梳理。他从奥古斯丁到托马斯·阿奎那、约翰·弥尔顿、约翰·班扬、但丁、乔叟、乔治·赫伯特、约翰·邓恩、C.S.刘易斯,作者带领我们将西方文化、文学史游历一遍,其成果就是一本在西方世界广为流传的书——《天堂简史——天堂概念与西方文化之探究》(北京大学出版社,2006)。这本书从圣经的最初成形开始一直梳理到今天,全书以文学、神学、政治学、艺术品为资源,旁征博引,揭示了天堂观念对西方人精神生活广泛持续的影响。

天堂是想象的产物,而想象以一定的现实为基础,这个基础就是耶路撒冷城(简称"耶城")。在《旧约》中,耶城被视为圣城。耶城的兴起与大卫有直接的关系。他决定在这个古老的犹大城建立他的宝座并且将上帝的约柜安放于此。这种具有深刻象征意义的举动使得耶城被看作是上帝拣选之居所,耶和华的荣光充满了圣殿。

那些长途跋涉的朝圣者们非常确信上帝就居住在耶城的坚固城墙内。

公元前586年,耶城被亚述人围攻,最终人民被掳,圣殿被毁,这对于该城的社会、政治、历史,对于人们的盼望和信仰,无疑是一个毁灭性的打击。旧城毁灭,人们渴望重建更坚固的水泥砖瓦之新城,但新城仍然不能为犹太人提供保护,类似城毁人灭的残酷历史以后仍然会发生。公元70年,罗马皇帝提图斯残忍地镇压了犹太人对罗马军队的反抗,耶城再次遭到毁灭。随着对地上之城盼望的破灭,犹太人开始盼望建在天上的新耶城。这座新城不是原来的大卫之城,而是位于将来的、在这个世界之外的城,上帝的宝座设立在其中,它充满了"上帝的荣耀",吸引着远方各处的人们来寻求它所提供的庇佑与安息。这样,以色列民族对于未来的盼望在重心上就经历了一个决定性的转变:由建在地上的耶城和圣殿为中心,转移到将来的天上之城——新耶城。自此,天上之城——新耶城,也就成了天堂的同义语。

在极为美好的想象中,天上的耶城就像地上的一样,位于一座高大的山峰上,城墙厚重,十二个门由十二个天使把守,任何敌人不能入侵。城内铺满精金,又用各种宝石装饰,使居住在里面的人眼花缭乱。而且更重要的是,上帝也住在城内,与人同在,与民同乐。这让还活在地上的人们羡慕至极,渴望有一天也成为圣城的居民。

从此,天上之城的主题就深深植根于《新约》里面,吸引了很多后来的基督徒作家,他们把上帝之城这一形象视为基督徒盼望的有力切入点。例如,基督文化史上著名的希波城大主教圣奥古斯丁的作品《上帝之城》,就是其中的代表作。《上帝之城》的中心主题是"上帝之城"与"世俗之城"(或称"世界之城")之间的关系。和以往作家相比,圣奥古斯丁笔下的上帝之城有两个主要特点:一是天堂里没有性,男人和女人都欣赏着完美身躯的美感,但没有欲望的诱惑,不会让人感到羞耻和恐惧。二是天堂的生活以安息为主题。永生的生活就像是一个永久的安息日一样,圣徒们永远居住在上帝的平安里面。这种安静的生活既包括外在的——击败了所有敌人的侵扰,也包括内在的——超越了自身的弱点和缺陷。

作为大主教,圣奥古斯丁意在借用"双城"概念阐发自己的思想。事实上,《新约》的记载中真正对基督教文学体系中天堂观的形成影响最大的不是神学(theology)的阐述,而是形象(imagery)的描述。天上之城的想法大大地激发了一些基督徒作家寻求用非常形象化的(visual)和值得纪念的(memorable)词汇来描述基督教将来的盼望。这种形象的描述使人类企盼将来可以亲自进入新城宫殿一般的城郭,并且可以自由畅游其中。这种企盼极大地激发了中世纪作家的灵性,他们在作品中继续着对新耶城的想象。如第二世纪初期的伪经《保罗启示录》中,以"来世旅途"为背景,将天堂作为城和园子的形象混合起来,但核心却是环绕四周的茂盛的园子:基督之城由黄金做成,十二面墙包围,四周环绕蜜河、奶河、酒河及油河。这显然是一个美丽、富饶的花园式天堂。十二三世纪,意大利城邦国家的兴起以及人们对城市建筑日益浓厚的兴趣使得天上之城的形象开始超越花园式天堂而转向都市式天堂。天堂的内容就是镶嵌各种宝石和镀金的教堂、城堡、要塞或堡垒,奢华的建筑位于美丽的大草原中间,园子成了背景。总之,不管是花园还是都市式天堂,都是想象中最美好的理想之邦,在这里,美丽和荣耀超越了人类想要得到或拥有的任何东西。作者的意图旨在激发人们对天堂的渴望,要他们坚信所有这些奇妙美好的事物都在等着他们,那些对信仰生活感到又累又沮丧的人,可以从这个新耶城的景象中得到安慰和鼓励,并能继续走在通往天上之城的路上。正如十七世纪英国著名清教徒作家约翰·班扬在《天路历程》中所说,不管路途上有多少艰难险阻,"但是一想到我要去的地方以及另一端正在等着我的,我的心就像有燃烧的火炭一样温

暖"。([英]阿利斯特.E.麦格拉斯:《天堂简史——天堂概念与西方文化之探究》第31页,北京大学出版社,2006)

西方人对天堂的理解和描绘,除了新耶路撒冷城的比喻之外,还有一个流行甚广的比喻,即把天堂想象成花园式的"乐园"。

"乐园"的说法首见于《旧约》,原词"伊甸园"(《创世纪·第二章》)在《旧约》的希腊译文中是指"乐园"。《圣经》的几处经文用不同的方式来提及这个园子,例如"上帝的园"(《以西结书》28:13)或是"耶和华的园囿"(《以赛亚书》51:3)。这个园子很快成为单纯、和谐的标志,一个富饶、充满和平和安息的地方。在那里,人类和大自然和睦相处,并且"与上帝同行"。这是人类可以想象的最为幸福、理想之所。然而曾几何时,人类先祖亚当和夏娃犯了罪恶被逐出伊甸园,不得不处身于一个灾难、痛苦、不幸的罪恶环境中,从此,重新返回乐园就成了人类的强烈愿望。于是,对乐园的想象和追求成为西方人的精神生活的象征,成为宗教和文学艺术作品的一个母题。最著名的当属英国诗人弥尔顿的《失乐园》。在罪中丧失以后,乐园又通过基督的死得以重建。因此,整个人类历史就是笼罩在失乐园的悲伤和最终复乐园的盼望的相互作用之中。著名宗教学者默塞·伊利亚德已经注意到了在人类思想和文学中"对乐园的怀旧之情"。但很少有人会满足于仅仅留意并哀悼过去所失去的。人类文化史就是"一个不断尝试重建失去的乐园的过程"。这个过程是通过两个因素——最初失掉的乐园和我们总有一天重新获得的乐园——之间的相互作用而表达的。([英]阿利斯特.E.麦格拉斯:《天堂简史——天堂概念与西方文化之探究》第38页,北京大学出版社,2006)

人们渴望重建的这个乐园,其实就是基督教的天堂,著名的圣奥古斯丁给出了一个自己的理解。他认为,伊甸园是一个无罪及满足的地方:"只要人类渴望上帝所命令他们的,他们就能很高兴地住在乐园里面。人类居住在上帝的喜乐之中,毫无缺乏,并能永久活着。他们有食物不至饥饿,有饮品不至口渴,又有'生命树'不至老化——他们身体健康,邻里平安。在乐园里,既不太热也不太冷——也没有悲伤,或是任何愚蠢的快乐,因为真正的快乐不停地从上帝那里涌流出来。"([英]阿利斯特.E.麦格拉斯:《天堂简史——天堂概念与西方文化之探究》第48页,北京大学出版社,2006)圣奥古斯丁对于乐园的描述在很大程度上反映了他的天堂观,他的理解对后世影响深远。

对乐园的描绘和追求,贯穿了整个西方基督教文化史与文学史,直到十七、十八世纪科学革命的兴起使得英语语言文学以及布道中有关伊甸园的主题逐渐丧失了主流地位。长久以来,伊甸园渐渐地不再被人们看作是历史的一部分,而被看作是人类处境的象征,被看作是人类渴望的象征。也就是说,人们对乐园的讨论,"中心的问题乃是有关于人类的身份和本性的,以及最重要的,就是人类最终命运的问题。说到乐园,并不是渴望重返一个特定的地点,而是渴望重建一个特定的属灵国度(spiritual state)"([英]阿利斯特.E.麦格拉斯:《天堂简史——天堂概念与西方文化之探究》第40页,北京大学出版社,2006)。换句话说,伊甸园、乐园是人们心中的理想国,是愿望的形象化和符号化。

二、中国人的仙境与乐土

关于理想世界在中国文学与宗教中的演变,葛兆光教授曾从史的角度,专门作过考察。考察结果载于《中国宗教与文学论集》中,题目是:从出世间到入世间:中国宗教与文学中理想世界主题的演变。

早期中国人心灵中的理想世界与西方的"天堂"相类。例如《庄子》、《楚辞》及《山海经》里的"山"。《庄子》想象"藐姑射山"有"肌肤若冰雪,绰约若处子,不食五谷,吸风饮露,乘云飞、御飞龙而游于四海之外"的仙人;《淮南子》想象中的"昆仑山",人可以登之而不死。在这一类理想世界里,"山"是一个象征,神奇美妙却难以攀登,而且远离尘寰。与"山"相类的是"岛",即海上的"山",著名的有蓬莱、方丈、瀛洲,仙岛上风景奇美,遍地异花仙草,仙人们欢乐幸福,长生不老,类似西方的伊甸园。

以上的"山"或"岛"是道教的理想世界,这一世界是诱人的,但却与凡人无缘,而且到达它的途径又极为艰难。世人只能在期望中怀着绝望,在绝望中又怀着侥幸的期望,招惹得人心痒无搔处。

比起道教来,佛教理想中的极乐世界虽然单纯却更加诱人。佛教的理想世界是"西方净土"、"灵山净土",也叫"极乐世界"。在极乐净土中,到处都是希见的奇珍异宝,微风吹动宝树发出人间闻所未闻的"微妙音",而且更重要的是往生极乐世界的人都得到了解脱和超越,可享永生永世之幸福。但往生极乐世界却极不容易,修炼极其艰苦繁难,需要信仰者坚毅隐忍,一心不乱方能靠近。但无论你怎么靠近都不会到达,它总是与人间世界悬隔很远。"仙山"、"仙岛"、"仙境"、"极乐净土"以其远离人间的自由、永恒与幸福,成了宗教及文学热情歌颂的对象。人有一种难以改变的痼疾,越是得不到的东西越珍贵,越是看不清的世界越美妙,海市蜃楼式的景观常常令人梦寐以求,而"梦寐以求"四个字恰巧说明只是"南柯一梦"式的子虚乌有。可是,宗教正需要那种与人世悬隔的"彼岸"来维系人的信仰。没有这种可望不可及的"理想世界",信仰者会失去追寻的目标也会失去追寻的动力。"理想世界"与人间世界靠得太近,它也会失去诱人的光环和幻想的色彩,那座彼岸的海市蜃楼可能是假相,但千万不可戳破,否则理性会看破一切,道德、精神便无以维系。所以人们需要有这样一个尽善尽美又远离人间的"理想世界",成为追求的对象。于是,中国古代诗歌、小说中"遇仙"、"游仙"的诗作不绝如缕,其代表人物如李白,有一百多首诗写的就是这种出世间的理想世界,幻想自己周游仙山仙岛,与诸仙人为友,甚至幻想自己本来就是谪到人间的仙人。

仙境也罢,净土也好,毕竟离现世太远,与理智相悖,于是,注重现实、现世的儒家为世人设计出了另一番"理想世界",即"大同世界"。孔子说在这个大同社会中,"天下为公,选贤与能,讲信修睦……老有所终,壮有所用,幼有所长,鳏寡孤独废疾者,皆有所养……"总之,在这个大同世界里人人有道德,人人得其所,人人无私心,人人尽其力,这样就能使天下太平,纷争平息,人人安居乐业,生活安定富足,君主不过分干预,官吏不过分盘剥。

儒家的理想世界比起"天堂"、"仙境"、"净土"来要现实得多,虽然它很难真正从理性设计变为实际存在,但它毕竟建筑在人世间而不是出世间。它没有那种富庶奢华的炫人眼目,也没有随心所欲的自由自在,更没有与天地齐的永恒生命,但它对于已经厌恶了战乱、欺诈、纷争和丑恶的人来说,那平静与安乐已经够满足了,比起渺茫玄虚的海市蜃楼来,它毕竟离人类更近,于是,这一理想世界的基因终于在东晋南朝引出了陶渊明的"桃源梦"和"田园诗"。桃花源故事把理想世界从虚无缥缈处迁徙到了世俗人间,把理想境界从奢华富足的享受、永恒不死的生存、随心所欲的自由改成了朴素和睦的平常生活,把过去单纯向外的欲求转化为向内寻找宁静心境的体验。

从尽善尽美而远离人寰的"天堂"、"仙境"、"极乐净土"到朴素、恬静的山水、田园,中国宗教与文学中的理想世界已经从远到近发生了"位移",不过,近处的山水田园未必真的那么理想,于是文人士大夫们还要构筑一个既近于人又可以抚慰自己的世界。这个世界既不是虚幻缥缈的仙境净土,也不是实际的山水田园,而是心灵化了的对山水田园的沉思,即"玄对"、"会心"的心境体验。心境的获得不是靠幻想或想象,而是靠"玄"即庄子所说的"心斋"或"坐忘"、佛陀所说的"空观"或"寂照",当人们在这种体验中达到与自然山水农家田园的同一时,人就达到了理想世界,这就是"道在山水之间"。

把理想世界从虚幻的"仙境"、"净土"挪移到实存的山水田园,又将实存的山水田园转化为纯粹心灵的适意自然,这是中国宗教和中国文学中"理想世界"主题演变的轨迹。演变的结果,是免除了虚幻境界给人带来的失落和束缚,人可以在空寂和宁静的山水田园中找到融洽、澹泊、恬静与温馨,使自己的身心得到休息,更可以在适意自然的心境中体验"平常心"的轻松与惬意。当人们怀着淡泊的心境随意观照那幽谷清泉、茅舍田稼、流水白云、牧童野老的时候,他会感受到一种愉悦,这时他有限的生命就在瞬间变成永恒。这就是中国宗教与中国文学最终构筑的一个象征了终极境界的诗意世界。这种境界,用西哲海德格尔的话说即"诗意地栖居着"。

但是,这种诗意的境界也同样存在着难以克服的问题:第一,人毕竟生存于现实的世俗社会之中,清静无为、与世无争是不可能完全做到的。欲望迫使人们赢得社会承认,获得世俗利益,隐居山林、躬耕田园只是一厢情愿,有钱有闲才能无功利地面对山水,有名有势才能淡然地面对一切,山水田园作为空寂、宁静的象征在于心灵空寂宁静,山水田园给人以适意自然的感受是由于心境的适意自然,在世间为生存而烦恼而挣扎的人是不可能从自然山水与世间农舍中体会到空寂宁静,适意自然的。第二,空静无为、适意自然来自主体心性自觉的体验,却没有任何约束力,既不能激发人奋发向上的精神,又不能制约人外在的行为,因而其结果是消解了人们追求的动力,消解了自律的约束。"于是过去宗教向彼岸艰苦跋涉的历程就变成了兴之所至的漫步,漫步很潇洒也很惬意,但是没有目标、无需计程,那么在这漫步中是否也消解了精神的支柱?对于人类来说,这种潇洒是否也是一种可悲的结局?"(葛兆光:《中国宗教与文学论集》第176页,清华大学出版社,1998)

葛兆光先生对中国古代文人追求理想世界轨迹的描述使我们看出,理想世界永远是现实世界里的人们苦苦追求的对象,然而理想世界又永远离人们的生存现实那么遥远。这正是理想世界的特质——可望而不可及,"不可及"才能作为目标永远吸引人追求。当它一迈腿就可以达到时,它就失去了理想世界的功能,也就无所谓理想了。

三、理想世界的失落与重建

天堂也罢,乐土也罢,都是古典时代的浪漫理想。然而,西方经过文艺复兴和启蒙运动的洗涤,宗教文化开始衰落,上帝的地位动摇,天堂乐土遭到质疑;尤其是十七、十八世纪科技和工业革命以来,社会的物质财富急剧膨胀,人们开始在物质享受上纵欲无度,科学技术的神奇力量似乎能让人的欲望得到无限制的满足,于是人们对全知全能上帝的崇拜转变为对科学技术的崇拜,科学技术之外的精神价值变得一文不值,彼岸的天国从此在人们心中幻灭——上帝死了,天堂乐土从此不存在了。

上帝死了,道德警察下岗了,人们从此可以为所欲为了;天堂塌了,乐土没了,人们的精神家园丧失,从此无家可归了。眼前的世界不再温馨,不再安宁,不再给人以理想和希望,而是变得陌生、冷漠和荒诞。在艾略特笔下,世界是一片"荒原",这里没有水没有阳光没有温暖,有的是白骨、死水、坟墓、沉舟、蛛网,春意正浓的四月却如隆冬般寒冷肃杀,因为这里没有信仰、精神空虚、情欲泛滥,令人绝望。在卡夫卡笔下,世界是遥远的,神秘的,梦幻般阴冷灰暗毫无乐趣,而且不可理喻,永远充满着恐怖与不安。在萨特笔下,世界令人恶心,充满战争、谋杀、奸淫、灾难,人与人之间相互猜忌,视他人为自己的地狱。在海勒笔下,世界充满悖论,充满滑稽的怪圈和荒谬的逻辑,荒唐可笑,无道理可讲。总之,精神家园的丧失竟是如此可怕,这个世界一下子变得陌生荒诞不适宜于人的生存，人们好像一下子从天堂堕入地狱了。

中国人的情况与西方人有所不同。古代中国人虽有仙境、乐土之类，但不像西方中世纪人信奉上帝和天堂那样虔诚，我们历来缺少那种形而上和宗教意义上的信仰，生活中更多信奉的是道德意义上的"天"和孔孟之道，而且一向自信自己处在世界的中心，中国的精神文明代表世界最高成就。然而，近代西方人的坚船利炮让中国人警醒，接下来西学东渐，民主、科学借"五四"运动传入中国，传统中国人的精神家园渐趋轰毁，中国人不得不重新踏上寻求精神家园之路。新中国成立意味着中国人精神上的新生，中国人在新的政治理念中找到了精神家园。然而反反复复的政治运动，尤其是极左路线的干扰破坏，让这一精神家园遭受严重质疑，人们的精神信仰动摇乃至崩溃了。改革开放之后，"我们的经济发展已取得了让西方人震惊的成就，然而，中国人的精神家园未被从风雨飘摇中挽救出来，由物质匮乏所导致的信仰危机，又转化为物欲诱惑之下的精神价值的丧失，颇多人在经济发展和物质丰饶中沉入物质享受之中，处于漠视甚至蔑视精神价值的生存状态之中。所以，精神家园的失却不是西方人独有的问题，我们也面临着这个问题。所以，无论是精神家园的失却还是生态环境的破坏，都不仅是西方人的事，而是包括中国人在内的全人类的事。"（卢风：《人类的家园——现代文化矛盾的哲学反思》第3～4页，湖南大学出版社，1996）论者作出这一论断是在十多年前，但所谈问题至今依然存在，而且愈加严重，所以仍有迫切的现实意义。

如今，昔日的"天堂"、"乐土"被断然唾弃了，人们从缥缈虚无的彼岸天国回到实实在在的大地上，本以为找到了一块靠得住的乐土，没料想一不小心堕入了"地狱"：精神溃败，人欲横流，人们高举享乐主义大旗高歌猛进，致使群魔乱舞，乌烟瘴气。在这儿，人的生存环境变样了——资源紧缺、耕地缩小、人口剧增、物种锐减、森林与草场退化、水体与大气污染、臭氧外逸、酸雨成灾，生态环境一步步恶化(鲁枢元:《生态批评的空间》第14页,华东师范大学出版社,2006);人也变样了——"人的物化"、"人的类化"、"人的单一化"、"人的表浅化"、"意义的丧失"、"道德感的丧失"、"历史感的丧失"、"交往能力的丧失"、"爱的能力的丧失"、"审美创造能力的丧失"日益加剧。(鲁枢元:《生态批评的空间》第22页,华东师范大学出版社,2006)这种状况太不适宜于人的生存,太有违于"人"的本性了——"人是落在地上的上帝,但他无时不在怀念天堂。""人类的一大错误是拒绝承认人的动物本性,另一更大的错误则是拒绝承认人的天使本性。"(莫洛亚:《从萨特到普鲁斯特》第105页,漓江出版社,1987)人的"天使本性"注定他必然要求重建新的精神家园,重新追寻新的"天堂"。

　　新的精神家园在哪儿？什么样子？谁也说不清。几百年前的启蒙,让人们走出了黄金铺地、仙乐盈耳、长生不老的幻想回到现实,而今从"地狱"中走出大概也需要新的启蒙。根据"人所幻想(理想)的正是他所需要的,他所需要的正是他所缺少的"的基本规律,新的启蒙的中心任务恐怕是要约束人的动物本性而呼唤天使本性(神性),克服享乐主义而呼唤精神超越。人的尊严就在于和其他动物相比人有灵魂,灵魂的特点是永远不满足于现状,它总是在追求一种完美的、超越性的神圣境界。这是人之为人的质的规定性,没有这一点,人就无所谓人。正如周国平先生所说:"我可以不相信上帝,但我相信世上必定有神圣。如果没有神圣,就无法解释人的灵魂何以会有如此执拗的精神追求。——灵魂是人的精神生活的真正所在地,在这里,每个人最内在深邃的'自我'直接面对永恒,追问有限生命的不朽意义。"(周国平:《各自的朝圣路》第33页,东方出版社,1999)正是在这种寻求和追问之中,人和"神圣"建立了精神联系,于是精神有了向往,有了寄托,有了归宿;也正是在这种寻求和追问之中,人的灵魂得到了净化,得到了提升,从而变得圣洁和清净。

完美的、超越性的神圣境界是一种什么境界？是不是又是一个乌托邦？因为不是一个具体现实的可以描述的实体，而是一种精神境界，所以说它是乌托邦也未尝不可。乌托邦，用鲁枢元先生的话说，即是诗人们的一种意向，一种念想，一种挥之不去的"回归"、"返乡"的情绪和愿望。既然是"乌托邦"，看不见摸不着，那它就是"无"，但心里能看见，所以它又是"有"。因此，它"存在"而又"不存在"，"在场"而又"不在场"，在人类的精神长河中，它总是处于一种飘忽不定的"游荡"状态。用一个古老的汉语词汇表述即"憧憬"——心神向往、心旌摇曳、心潮澎湃、心醉神迷，一种心的游荡、灵魂的游荡——游荡在人们精神向往的地平线上，引导人类前行。（鲁枢元:《生态美学与生态乌托邦》，见《精神生态通讯》，2008年第1期）

理想境界或神圣境界，其实都是精神家园的代名词，都不是固定的处所，因而都需要寻找，都在人对它追寻的路途中。对它的追寻，人文学科各门类都负有重要使命，而宗教、哲学、艺术被认为是人类精神活动最集中的体现，被誉为"人类精神三角形"，因而显得更重要；再进一步，在"人类精神三角形"中，从更具有世界意义、更易于为世人接纳角度看，文学艺术有更明显的优势。所以，"文学家与艺术家应当首先振奋起来，成为这精神贫乏时代里的'更敢为者'，敢于拯救大地，敢于挽回人心，乃至敢于扭转一个时代的偏向"。（鲁枢元:《生态批评的空间》第29页，华东师范大学出版社，2006）

四、理想世界的价值和意义

以上走马观花式的描述使我们看到,无论古今,也无论中外,追寻理想家园是人类共同的精神需求,这种需求来源于人们对处身于其中的现世、现实的不满。不满就有向往,有多少种不满就有多少种向往。现实太贫困、生活太艰难,于是就有理想家园中的富庶——遍地金银珠宝,喝不完的琼浆玉液,流不尽的蜜河奶河;人生短暂,充满忧患,终生劳苦,于是就有理想世界的长生不老,还有无休止的逸乐和悠闲;人间充满争斗,人际关系紧张,让人无限心烦,于是就有理想世界的慈悲为怀,博爱无边,人与人之间友爱和睦,和平宁静;"人是生而自由的,但却无往不在枷锁中",于是就有理想世界的自由自在,毫无约束;现实生活太污浊太庸俗了,于是就呼唤超越和神圣——总之,现世现状缺少什么,理想世界就有什么,既圆且满,了无缺憾。由此可见理想世界是人所渴求的对象在现实世界的空缺,是现实世界的反向折射,是在想象中对现实缺憾的补偿。

这样的世界存在吗?应当说,既存在又不存在——不存在于现实世界而存在于精神世界。从性质上看,理想世界属"虚"不属"实"(不是"实在"是"虚在"),属"心"不属"物"——肉眼看它是"无",心眼看它是"有"。在精神世界里,它既虚无缥缈,又真真确确,它的形态随时代、社会、民族、地域、文化的变化而变化,但它的存在却是永恒的,性质是不变的。它与人类如影随形,共生共存,是人类生存永远不可或缺的精神元素。

"天堂"、"乐土"、"神圣"、"终极"之类既然是"虚"是"无",不可观测不可验证,那么到底它有什么"用"呢?当然有用!不过这里的"用"非实用之用、功利之用、物质之用,而是精神之用、价值之用、意义之用。虽然,几千年过去,我们没有见过哪怕是一个人曾经到过天堂、乐土,没有看过天堂、乐土的照片或录像,但我们却无法否认它曾经发挥过而且还继续发挥着强大的作用。换句话说,理想虽然是"虚"的、无形的,却又无时、无处不在地对现实发生着影响。这种影响用古人的话表述即"虽不能至,心向往之"。理想世界存在于又作用于心——其作用就是让"心"——"有所系",有一个向往、期盼、追求的目标。高远的目标与当下现实拉开了一段长长的距离,给人留下一段永恒追求的空间。恰如精神灯塔,矗立在人类心灵的上方或前方,对人始终起着提升或牵引的作用,使之不至于过分向下沉沦(安于灰暗的现实而毫无追求)或向后倒退(倒退为无灵魂的兽性的人)。理想与现实在人的精神空间形成了上下、前后两个张力场,人类就在这两个张力场中游移。少了哪一个支点,人类生活就会失去平衡。人类的精神家园或许就在这二者的和谐与平衡中。

理想世界不能落实、转化为现实,人们无法步入天堂、乐土、神圣,这不是理想世界的缺点而正是它的优点。因为,如果它是一个可以达到的现实的固定处所,那么可能早就被有权有势的强者所占据,弱肉强食的局面又会发生,这就不是天堂而是人间地狱;再说,即使天堂可以达到,那么达到之后又怎样呢?十全十美,完美无缺,也就没有了任何发展的余地,岂不是死水一潭,一个僵化沉闷死寂的世界?所以理想世界好就好在"虚"和"无",好在"达不到"。对此,作家史铁生有着更深入的理解。他说:"人可以走向(加点字为原文所有)天堂,不可以走到天堂。走向,意味着彼岸的成立。走到,岂非彼岸的消失?彼岸的消失即信仰的终结、拯救的放弃。因而天堂不是一处空间,不是一种物质性存在,而是道路,是精神的恒途。"(史铁生:《病隙碎笔》第70页,陕西师范大学出版社,2002)史铁生的意思是说,乐土、天堂、神圣,都不是一个确定的可以最终到达的处所,而是一个永远达不到因而永远存在的精神之域。它可望而不可及,你往前走它亦往前走,它永远给人以提升、感召、牵引,它永远存在于人的心中,存在于人追求它的信念中。你追求着,寻找着,它就存在;你放弃了,灰心了,它也就不存在。这就是说,天堂不在天堂,而在人的信仰中,天堂是一条路,永远也走不到头。所以,人类永远走在追求理想世界的路途上,人类的精神家园永远在人类追求理想的心中而不是一个现实的、具体的所在,不是一处确定的福乐的终点。因此,永远也不会到了之后就可以一劳永逸地永远享受了。在这个路途上,理想世界的内容会因社会、时代、民族等因素的不同而不同,但其性质和意义永远不变。

中篇　追求心安的人
此心安处是吾乡

上篇,我们分别叙述了中国和西方自古至今人们关于理想家园的各种构想,有的是关于理想社会的,有的是关于死后灵魂归宿的,大多与宗教有关,与社会改造有关,与人类精神归属有关。凡此种种,主体要么是"人们(人类)",构想属于"宏大叙事";要么是虚幻天国或世外桃源,总之,在读者的心理感觉中,这样的世界距现实生活过于遥远、过于"理论"、过于隔膜,与"当下",与"个人",与"自己",并不相干。本丛书的基本宗旨是面向大众,面向个人,面向当下,试图尽量贴近每个人的现实人生,所以下面的叙述视点转向现实、转向当下、转向个人,看一看生活中和艺术中(艺术是实际生活在人类心灵中的倒影)作为个体的人是怎样坚守精神家园,追求灵魂归宿的。

精神家园、灵魂归宿,听来很虚很玄很抽象,其实落实到现实中个体人的精神生活中,就是对"心安"的追求,简言之——心安是家。

心安是家,是中国古人提出的命题,也是古人追求的精神境界。如,唐代诗人白居易在诗文中不止一次谈到这一命题:

身心安处为吾土,岂限长安与洛阳。(《吾土》)
我生本无乡,心安是归处。(《出城留别》)

心泰身宁是归处,故乡可独在长安。(《重题》)
无论海角与天涯,大抵心安即是家。(《种桃杏》)

白诗传达出文人士大夫阶层的普遍心声,因而得到了广泛的共鸣和流传。据记载,宋代王巩(字定国)的侍儿柔奴随王贬居岭南,北归后苏东坡问她"广南风土,应是不好?"柔奴随口答曰"此心安处,便是吾乡"。苏甚为感动,特作《定风波》词赠她,其下片云:"万里归来颜愈少,微笑,笑时犹带岭梅香。试问岭南应不好,却道:'此心安处是吾乡'。"

白居易和苏东坡都是文化名人,他们的人生态度和思想观念对中国人的精神生活影响既深且远。他们对"故乡"和"家园"的理解说明,"心安"是人们共同共通的精神需求,"心"能"安",就是灵魂找到了归宿,就是精神找到了家园。

心安,是中国古人很早就特别看重、特别在乎的境界,可以说是中国文化的一种特色,一个悠久的传统。《论语》中曾子提出:"吾日三省吾身。为人谋而不忠乎?与朋友交而不信乎?传不习乎?"为什么要"三省"?为"心安"!曾子主张,每天都要反省自己的修为,如果在"为人"等以上三个方面做好了,心就安了,没做好,心就不安。孟子的话更直接:"仰不愧于天,俯不怍于人",达到了这种境界,心里坦坦荡荡,浩然之气充贯于胸,就能心安。儒家这种精神追求对中国人的为人处事影响甚为深远,直至成为民族的集体无意识。普通老百姓中广为流传的"为人不做亏心事,不怕半夜鬼敲门"、"问心无愧"、"心安是福"之类的口头禅就是明证。

由此可见,心安,不但是士大夫、读书人的追求,也是普通老百姓的追求;换句话说,心安不仅是知识分子的精神家园,也是普通老百姓的精神家园。老百姓可能不像读书人那样清醒明白,有自觉意识,但社会文化的耳濡目染,潜移默化,在每个人的心灵深处形成一种文化共识,这就是作为处世原则的良知、良心。做人、做事要讲良心、凭良心,而不能没良心、坏良心,已经成为中国人公认的精神信仰和道德底线。换句话说,良知、良心,就是中国人的灵魂归宿和精神家园,就是心安与不安的标尺和准绳。

良知、良心的内涵非常丰富。在学术话语体系里,良心被描述为现实社会普遍认可并被自己所认同的行为规范和价值标准,是主体对自身道德责任和道德义务的一种自觉意识和情感体验,以及以此为基础而形成的对于道德自我、道德活动进行评价与调控的心理机制。

如果嫌上述语言过于"学术"的话,我们可以把它简化,即从形而上角度看,良心首先是一种精神信仰,道德信念,也就是德国著名哲学家康德所说的"道德法则"。康德有段著名的话:"有两样东西,我们愈时常、愈反复地加以思维,它们就给人心灌注了时时在翻新、有加无已的赞叹和敬畏:头上的星空和内心的道德法则。"(康德:《实践理性批判》第164页,商务印书馆,1960)其次从形而下角度看,良心是一个人立身处世的行为规范。精神信仰,行为规范,一内一外,构成指导人们思想行为的价值坐标和评价标准。符合之,即是有良心;不符合,则为没良心。有良心,合良心,心就安,否则心就不安。做错了事,做了坏事,心灵"不安"了怎么办?"不安"的人想回归"安",就要通过忏悔,在真诚的忏悔和改过的行为中获得精神救赎。

虽然,由于一言难尽的原因,当下社会从整体上看,道德方面出现了诸多令人痛心的乱象,"良心"在一些人眼里已经一钱不值,被认为谁坚持谁傻瓜,但是,即使在这样的背景下,浊者自浊、清者自清,仍然有人在坚持道德法则、道德底线,坚持良知和良心,在执着地保护心灵的安宁。这是社会的正能量,正是这些人在维护着社会的基本良知和精神家园。这种人无论在哪个时代,哪个社会,哪个群体中都存在。

下面笔者就列举一些历史和现实生活中的真实人物,以及文学艺术作品中的虚构人物,看一看他们是怎样坚守精神家园,追求心灵安宁的。

一、历史、现实中人

(一) 乐喜:以不贪为宝

乐喜,字子罕,春秋时期宋国人,公元前564年开始执掌国政,长期担任宋国相国。

乐喜执政时,有人得到一块精美的玉石,想献给子罕,子罕拒不接受。献玉的人以为子罕怀疑玉石是假的,便说:"这块美玉我请玉匠给鉴定过,他说是块宝玉,所以才敢拿来献给你。"子罕回答说:"你以玉为宝,我以不贪为宝。如果我收了玉石,你失掉了宝,我也失去了宝。所以,我们还是各存其宝为好。"

还有一次,子罕在自己的府邸接待楚国使节,楚国使节见他家的南墙弯弯曲曲,从西边邻居家淌出的水竟从他家门前流过,觉得不可理解。子罕解释说:"南墙一家是工人,从事皮革生产已经有三代了,如果逼走他们,让他家迁徙,一来宋国人买鞋不方便,二来这户工人也将没有着落了。西边邻居的地势高,他的房子地基偏低,如果禁止水向东流,从情理说过意不去。"一番话让楚国使节大为叹服,回到楚国,立即向楚王谏言:"不可攻打宋国。宋国国君贤明,又有很得人心的仁相子罕辅佐,攻打宋国会无功而返。"孔子在听到后说:"在朝廷上修养自己的品德,却能击败千里之外的敌人,大概说的就是子罕这样的人吧。"

宋平公三十二年(公元前544年),郑国的上卿子展死了,他的儿子子皮继位,当时郑国发生了饥荒,麦子尚未成熟,老百姓都没有粮食吃了。子皮就以他父亲的名义,下令开仓放粮,每户可到官府仓库中领取六斛四斗粮食,因此子皮大得民心。乐喜听了这个消息后,颇为感动地说:"执掌国政的人多做好事,这正是百姓们的期望呀!"那时,宋国也发生了饥荒,于是乐喜请示平公,将公库中的粮食借给百姓,等地里的粮收获后再还;同时,让大夫们也开仓借粮食给百姓,渡过难关。乐喜家也开仓借粮,但不写自家的字号(意思是不让受益者记着自己,不让受益者偿还)。这一年,宋国没有因缺粮而饿死人。晋国公叔向听说这件事后说:"郑国的罕虎,宋国的乐喜,都是福长寿长的人啊!他们二人都是得到国人的拥护而执掌国政的,民心所向,众望所归,给人好处而不求别人感恩的人,乐喜在这方面尤为突出。"(参见:《中国古代廉政文化集萃》第100~101页,中国方正出版社,2009)

读了上述材料,让我们对乐喜肃然起敬。两千多年前春秋时期的高官面对到手的贿赂毫不动心,"以不贪为宝",可见他对自己人品的要求之高。国家粮荒之际,他开仓放粮给老百姓不写自己字号,不求偿还,可见他的善是发自内心的真善(常言曰,善欲人知,善求回报,不是真善)。

做官以不贪为宝,行善不求人知,说明乐喜把品格干净看得至高无上,把灵魂安宁看得至高无上。两千多年前就有这样的人物,说明我们中华民族很早就极为看重人的精神,人的品格,人的境界。尤为可贵的是,乐喜这样做不是慑于外在的压力(不敢),而完全是出于内心的需要——不贪、行善则心安,否则心不安。乐喜内心高悬一个"道德律令"、"道德法则",这是一种准宗教、类宗教的精神境界。这种境界的存在,说明我们中华民族的精神文明很早就达到了很高的水平,值得后人敬仰和骄傲,当然也值得当下人深深地反思。

(二)刘宠:一钱太守

刘宠,字祖荣,东汉牟平人,因"明经"被推荐为孝廉,出任济南郡东平陵县令,有仁惠之政,后升任豫章、会稽太守。在会稽郡时,简除烦苛政令,禁察官吏的非法行为,政绩卓著,被调往京城任职。

临行之前,几位白发老人蹒跚而至为太守送行。刘宠听说,连忙谢过,老人们说:"以前为官者贪钱恋物,常常闹得鸡犬不宁,百姓寝食不安。自从您任太守,官吏克己奉公,百姓安居乐业。今日太守要走,大家实感难舍难离,特来专程相送,以表心意。"说着,每人托出一百文钱,要交给刘宠留着途中使用。刘宠听罢,十分感动地说:"父老们如此过奖,我实在愧不堪言。大家的心意我领受了,这钱我不能收,还是请带回去吧!"老人们情真意切,执意相送。刘宠无奈,只得从每人手里拿了一文钱收下,老人们这才称谢作别。刘宠见老人们渐渐远去,遂将收下的那几文钱轻轻地投进了河中。此事很快传开,人们纷纷称赞刘宠,有人为他起了个美名,叫"一钱太守"。据说,如今浙江绍兴市北面的钱清镇,就是当年刘宠投钱入河的地方。

刘宠进入京城以后,历任司空、将作大匠、司徒太尉等职务。有一次,他出京到外地去,路过一个亭舍想进去休息一下,管亭舍的小官拒绝他,不让他进去,说:"我们这里整顿清扫一番,专门等待刘宠大人的到来,你有什么资格进来呢?"刘宠听了一言不发,悄然离去,人们听到这件事,都称颂他是一位忠厚廉洁的长者。

汉灵帝建宁二年(169年),刘宠被免职返回乡里,后以老病卒于家中。刘宠的美德,记载在《后汉书·循史传》中,被后人奉为楷模。(参见《中国古代廉政文化集萃》第106~107页,中国方正出版社,2009)

在任时,对不义之财一文不贪,可以理解;离任时,对百姓真诚酬谢一钱不留,似乎有点"过"了。但是,正是由此似乎"过分"之举,可以看出刘宠对灵魂干净的重视与坚守。他的坚守不是做给别人看,而是为自己所坚守,是为自己灵魂之所安。其实,以我们读者想,他完全可以将那几文钱留下来作为纪念也未尝不可。但是,刘宠似乎另有所想——既然内心已经领受并且当面谢过百姓的情意,那就把外在的象征符号也抛了罢。——刘宠追求的是"慎独"的境界,是内心的纯洁,是己知神知的心灵干净。古人如此呵护自己的"心安",如此爱惜自己的"羽毛",有如此高的灵魂自省与自觉,令人敬仰,令人叹服。

(三)杨震:"天知,神知,我知,子知,何谓无知!"

杨震(?~124),字伯起,东汉弘农华阴(今属陕西)人。他明经博览,有"关西孔子"的美誉。出仕前长期执教讲学达20余年,50岁时才开始做官,安帝时历任刺史、司徒、太尉等职,晚年因弹劾贪官污吏受陷害,在免官遣返原籍途中自杀。

杨震任东莱太守期间,一次因公务途经昌邑(今山东巨野东南),昌邑县令恰好是他任荆州刺史时举荐的秀才王密。王密见到杨震后,十分恭敬,并于当天夜晚来到杨震住处,从怀里取出10斤金相赠。杨震断然拒绝,说:"我十分了解你,你却一点也不了解我,这是为什么呢?"王密说:"此时正是夜深人静的时候,没有人会知道的。"杨震听了非常生气,严肃地责问王密:"天知,神知,我知,子知,你怎么能说没有人知道呢!"王密见他如此廉正挚诚,一身正气,便羞愧地带着礼金默然出门而去。

不久,杨震调任琢郡太守。由于他为政清廉,秉公办事,不接受他人馈送,生活一直不富裕,经常吃青菜和粗粮,出门也总是以步行代车轿。亲朋故旧诚意相劝,要他为自己子孙后代着想,趁在任期间置办一些私人产业,从中取得利润。但杨震始终没有接受。他语重心长地对劝他的人说:"让我的子孙被人家称作是清白官吏的子孙,比什么都强啊,这不也是一笔比什么都丰厚的遗产吗!"

后来杨震累迁太仆、太常、司徒、太尉,位列三公,权力很大,但他不徇私情,不受人礼物,更不阿谀权贵,而是正色当朝,纠偏纠妄,与贪佞之徒进行坚决的斗争。

由于长期与贪佞之徒斗争,这些人对杨震恨之入骨,勾结起来挖空心思找各种理由陷害杨震,终于正不压邪,杨被免官遣返原籍。

杨震离开京师洛阳,行至城西几阳亭时,慷慨悲愤,对他的儿子和随从说:"死乃士之本分。我蒙受皇恩身居高位,痛恨奸臣狡诈而不能诛杀,厌恶淫妇祸乱朝廷而不能制止,还有什么面目再见日月!我身死后,要以杂木作棺材,用单被包裹,不要归葬祖坟,不要祭祀!"说罢,饮下鸩酒自尽。(参见王文升主编:《中国廉政勤政故事》第46~47页,中国方正出版社,2007)

在中国廉政史上,杨震是以"四知"名言流传于世的。"四知"之中,除了"我""你"在场人之外,杨还提出了不在场的"天"与"神",而且把天、神置于前,说明天和神在他心中至高无上的地位。

"天"和"神"是谁?在哪儿?不知道。"天"和"神"无形无相,无体无状,看不见,摸不着,于是在某些人心里,它们是空、是无、是不存在,完全置若罔闻,不予理睬,心里完全没有它们的位置。然而在重视精神、灵魂生活的人看来,它们虽然是"虚"的,看不见摸不着,但却是真真切切地"在"——不是"实在"是"虚在"(史铁生在长篇小说《我的丁一之旅》中创造的概念)。这样的"虚在"不但是存在,而且还是至高无上的存在,重视精神、灵魂生活的人从来对它们都是敬而仰之,敬而畏之,时时刻刻以它们的要求来约束和规范自己的一言一行。故事中的杨震就是心中有天、有神、有虚在的人。

天和神的内涵是什么?这里我们完全不必要学究式地旁征博引加以考辨,根据孔夫子留下的传统可知,中国古人心中的天和神不是西方基督教堂里能够主宰人的命运的人格神,而是一种道德化了的生存原则,类似康德所说的"道德法则"("道德律令")。这种意义上的"天"或"神",有时候又被称为"上帝",即雨果《悲惨世界》中所说的——"良心即上帝"(见本书下文的分析)。

心中时刻有天有神有上帝(中国人说"举头三尺有神明"),有至高无上的道德法则、道德律令,这是一种多么高蹈超迈的灵魂生活啊!在这一点上,东西方古今圣哲贤人的心灵是相通的。心中有了这个,思想和行为就会谨慎,就会向善,就有方向——虽不能至,心向往之。否则,"我是流氓我怕谁"!正如《红楼梦》里王熙凤所表白的:"老娘是不信什么阴司报应的",因此她敢于使坏、作恶而心不打战。

然而令人疑惑的是,古人所曾经达到过的精神境界,所曾经有的灵魂生活,今人还能理解、还能接受、还能接近吗?

(四)诸葛亮:崇高源于执着的精神追求

诸葛亮,字孔明,东汉琅琊国阳都(今山东沂南)人。三国时期杰出的政治家、军事家、外交家。建安十二年(207年),刘备三顾茅庐请出诸葛亮。诸葛亮为刘备提出了有名的《隆中对》战略计划:联合孙权抗曹,占据荆州,形成三足鼎立之势。随后他辅助刘备,夺取荆州建立了蜀汉政权。刘备死后,诸葛亮经营蜀汉地区多年,使蜀国出现"田畴开辟,仓廪充实,器械坚利,蓄积丰饶"的景象,而且政治较为清明,官吏大多能廉洁奉公,开明守法。

诸葛亮五次北伐曹魏,废寝忘食,夙兴夜寐。在长期的戎马生涯中,心衰力竭,积劳成疾,于建兴十二年(234年)在五丈原军营中与世长辞。

诸葛亮北伐,严格说来条件并不成熟,因为当时蜀、魏双方力量悬殊,主动向土地四倍于己、人口五倍于己的曹魏挑战,胜算不大。诸葛亮对此心知肚明,但是不北伐的结果是有一天会被敌人消灭。与其被动灭亡,不如主动进攻,以攻为守。况且,北伐曹魏统一天下是诸葛亮的政治宏图,是他作为政治家、军事家的崇高理想。为此而努力了,即使失败也无怨无悔,否则,因循保守,无所作为,于心不安。诸葛亮的北伐之举,体现了尽人事而后心安的人生哲学和为事业鞠躬尽瘁、死而后已的崇高精神。试想,当他决定北伐时先帝刘备已经去世,后主刘禅平庸无能,也没有逼他去征战,曹魏也没有主动入侵,诸葛亮没有任何外在压力,他完全可以在和平生活中苟且偷安。但他毅然决然主动提出北伐,主要是因为他内心对国家的责任感,不担当这一任务首先他自己心里过不去。去做了,可能成功,也可能失败,即使失败了也绝不后悔,因为他为国家尽了自己的职责,他可以问心无愧了。

诸葛亮另一个广为人知的事迹是,对工作极端认真负责,事无巨细,事必躬亲,以至于杖罚军士之事,都要亲自过问。他自己说自"受命之日,寝不安席,食不甘味",长年累月如此,终至积劳成疾,酿成"出师未捷身先死"的悲剧。以诸葛亮之聪明,他难道不知道委事于他人吗?他当然知道。但刘备对他有知遇之恩,死时又托孤于他,他感到责任重大,无论大事小事非亲自过问不能放心。要言之,是责任心使然——不殚精竭虑便心不安。事必躬亲从领导艺术角度看,是失败的,但从人格形象上看,又是完美的。

诸葛亮病危时留下遗嘱:丧葬力求节俭简朴,依山造坟,墓穴大小只能容纳下一口棺木。入殓时,只穿平时便服,不放任何陪葬品。这就是一代名相诸葛亮死后的最高要求。

他生前给后主刘禅上过一份奏章,自陈:"成都家中有桑八百株,薄田十五顷,子弟衣食,自有余饶。至于臣在外任,随身衣食,悉仰于官,不别治生,以长尺寸。若臣死之日,不使内有余帛,外有赢财,以负陛下。"诸葛亮去世后,家中情况确实如此。

无论是鞠躬尽瘁的敬业精神,还是廉洁奉公的道德修为,都让人深为敬佩。之所以能做到这一步,根本原因是,诸葛亮是一个有内心追求和严格操守的人。他把心安看得至高无上,无论在事业还是在道德上他都严格要求自己,心中悬着一个自设的价值标准,达不到心不安,达到了,即使物质生活上清贫淡泊,事业上甚至献出生命也在所不惜。

对于诸葛亮的精神追求,这里不作全面分析,只看看他的《诫子书》就可以知道了。在《诫子书》中,他告诫子孙后辈:"夫君子之行,静以修身,俭以养德。非淡泊无以明志,非宁静无以致远。"《诫子书》是私人家书,即使在这样私密的场合,诸葛亮强调的仍然是"修身"、"养德",是"淡泊"、"宁静",由此可以看出他内心对道德原则的重视,对人品操守的强调。诸葛亮对子孙的谆谆教诲,体现了中华民族的传统美德,是一笔极为宝贵的精神遗产。联系当下社会现实,尤其感到诸葛亮精神境界的崇高和人格的伟大,诸葛亮永远是值得我们敬仰的人。

(五)陶渊明:"任真""固穷"心自安

陶渊明(约365～427),字元亮,名潜,自号"五柳先生",卒后友人私谥"靖节征士",浔阳柴桑(今江西省九江市)人。出生于一个衰落的世家,生活在晋宋易代之际。关于陶渊明的家世和生平经历,无论网络上还是中学、大学教材上遍地都是,这里就不再详细介绍了。概括地说,他一生曾任江州祭酒、参军、彭泽县令之职,官场周旋十数年,经历了三仕三隐,最终在彭泽县令任上因不愿"为五斗米而折腰",上任仅八十多天就辞官回家,归隐田园了。

陶渊明这次辞官归隐的直接原因,据《宋书》本传记载:"郡遣督邮至,县吏曰:'应束带见之。'潜叹曰:'我不能为五斗米折腰向乡里小人!'即日解印绶去职。"而他辞官时所作的《归去来兮辞》道出了更深刻的原因:"归去来兮,请息交以绝游,世与我而相违,复驾言兮焉求!"陶渊明彻底觉悟到世俗与自己崇尚自然的本性相违背,他不能改变本性以适应世俗,再加上对政局的失望,于是坚决地辞官隐居了。

辞官归隐,是陶渊明一生前后两期的分界线。此前,他不断在官僚与隐士这两种社会角色中徘徊,隐居时想出仕,出仕时要归隐,心情很矛盾。此后他坚定了隐居的决心,一直过着田园躬耕的生活,但心情仍不平静:"日月掷人去,有志不获骋。念此怀悲凄,终晓不能静。"(《杂诗》其二)后来,他并非没有再度出仕的机会,但是他坚决拒绝了。政局的动荡,官场的混乱,使他彻底厌倦了仕途生涯,从此心甘情愿在农村终老,直至63岁在贫病交迫中去世。

在中国文学史中,陶渊明传世的诗文并不算多,约一百余篇,但其人格备受尊崇,其诗文广为流布,其文学地位之高无以复加,被誉为"诗人中的诗人"。原因者何?笔者以为,原因就在于他出仕入仕艰难选择的尴尬处境和心路历程,是封建时代千千万万读书人的典型代表,他的内心和千千万万人相通。但是,与众不同的是,他做出了千千万万人想做但却不敢做的事,因而备受敬仰与推崇。官场的混浊,官场的规矩,官场无穷无尽的应酬,与读书人向往自由、喜欢人格独立的心性相冲突,谁都心烦,因此从本性上讲,绝大多数人都厌恶官场而向往田园。可是,回归田园的自由是以丧失生活来源为代价的。放弃了为官的职责与权力,脱离了体制,固然没有了约束,但也就没有人再给薪俸("五斗米"),就必须亲自下田从事辛苦的农业劳动,就要自己养活自己,就要承受清冷孤独,甚至是寒冷与饥饿。而这些又是人们所不愿的,所以轻易不敢"挂冠归去",于是就只好继续忍受官场生活的折磨,继续委屈窝囊地活着。也就是说,想出世而不敢,留于世又不愿,心就这样被两下撕扯着,纠结着,很少有人敢于毅然决然做出脱离体制的决断。但陶渊明做到了,于是他得到了千千万万人的敬仰和钦佩。

陶渊明之所以能做到这一步,是因为他有强大的内心力量。这就是讨厌世俗的喧嚣与浮华,特别向往回归自然与田园,向往身心的自由与解放。自然是他的心灵家园,自由是他的灵魂归宿。陶渊明希望返归和保持自己本来的、未经世俗异化的、天真的性情。所谓"质性自然,非矫厉所得"(《归去来兮辞序》),说明自己的质性天然如此,受不了绳墨的约束。所谓"久在樊笼里,复得返自然"(《归园田居》其一),表达了返回自然得到自由的喜悦。关于陶渊明的精神内涵,人们用散淡、旷达、狷介、率真、平易、质朴、宁静、冲默、乐天委分、随缘自适、固穷守节、委运任化等等去表述,但更贴切的还是"自然"。陶渊明的精神核心是"自然"。

"自然"是陶渊明心之所安,对此,梁启超先生有深刻的理解。他说:"渊明何以能够有如此高尚的品格和文艺?一定有他整个的人生观在背后。他的人生观是什么呢?可以拿两个字来概括他:'自然'","他并不是因为隐逸高尚有什么好处才如此做,只是顺着自己本性的'自然'","'自然'是他理想的天国,凡有丝毫矫揉造作,都认作自然之敌,绝对排除。他做人很下艰苦功夫,目的不外保全他的'自然',他的文艺只是'自然'的体现,所以'容华不御'恰好和'自然之美'同化。"这一段话中,梁一连用了七个"自然",表达他对陶渊明"自然精神"不容置疑的肯定。这里的"自然",仍是中国传统文化精神中的"自然",相当于"自在",接近于"自由"。因此,梁启超接着又说:"爱自然的结果,当然爱自由",这导致陶渊明一生都是为了追求精神生活的独立而拒绝外界的利诱与胁迫,从而进入一种自然、自在、自由的精神境界。(参见鲁枢元:《陶渊明的幽灵》第10页,上海文艺出版社,2012)

"自然"的另一说法是"任真",是委运任化,对此,当代诗词鉴赏大家叶嘉莹先生也作过深刻的分析。她说:

> 陶渊明终身的持守,他的理想和意志的理念是"任真"和"固穷"。"任真"是他本性的追求,"固穷"是他生活上的持守,"人生归有道,衣食固其端,孰是都不营,而以求自安。"(《庚戌岁九月中于西边田获早稻》)他又说我虽然是冻馁、饥饿,"贫富常交战",但是"道胜无戚颜"(《咏贫士》),只要我内心所持守的"道"胜了,即使再固穷、再饥寒交迫,我也无戚颜,没有愁苦的面容。"仰不愧于天,俯不怍于人","仁者不忧",只要你

真的懂得了"道",就是死的时候,内心也是平安的。如果你用了许多不正当的手段,也许追求到利禄富贵的显达,你死的时候,内心也是不平安的。这正是陶渊明的终生的志意和理念的持守。(叶嘉莹:《唐宋词十七讲》第323页,岳麓书社,1989)

叶先生的分析特意指出了陶渊明终生所追求的志意和持守的理念是"任真"和"固穷"。在陶渊明看来,"任真"和"固穷"即"道"之所在,"道"之所在即"心安"所在。心安,对陶渊明来说,至高无上。

陶渊明的心灵向往,至今仍有现实意义,而且可以肯定,只要有个人和社会的冲突,有本真与世俗的矛盾,有出世与入世的两难,陶渊明的选择就不会失去意义,陶渊明的形象将仍然是人们的向往。

(六)杜甫:忠爱缠绵为心安

清代叶燮说"千古诗人推杜甫",此语可视为中国诗界的至论、定论。为什么杜甫有如此高的地位,自古以来受到读者的推崇和拥戴?为什么不是李白呢?对此,当代诗词评论大家叶嘉莹先生作过中肯的分析。

叶先生认为,中国伟大诗人都是用他们的生命来写诗,用他们的生活来实践他们的诗篇的,他们的作品都表现了自己内心的志意、理念,表现了在品格操守之中的一份本质。以此为标准,叶先生提到了屈原、陶渊明和杜甫而没有提到李白。因为,李白的诗歌主要是他飞扬的天才的流露,而不是自己的理想、志意的流露,李白写的是他的天才不甘寂寞,不甘落空。而杜甫却不然:

至于杜甫,那真的是忠爱缠绵,他不但在早期就写了"致君尧舜上,再使风俗淳"的诗句,一直到他晚年流落四川,只要我一口气在,一定要回到我的首都和朝廷,我是不能放下对国家的关怀的。最后到他流落到湖南,已是他临死前不久了,杜甫最后是死于湖南的。他登上岳阳楼,还写下了"昔闻洞庭水,今上岳阳楼。吴楚东南坼,乾坤日夜浮。亲朋无一字,老病有孤舟。戎马关山北,凭轩涕泗流"的诗句。此时杜甫与亲戚朋友连一个字的音信都没有,而且又衰老多病,他自己曾写诗说是"左臂偏枯半耳聋",可是他想到的不是自己,而是国家还没有完全安定太平,那戎马的战乱还在北方存在,所以他登上岳阳楼,靠近窗子向北遥望时就涕泗交流。这就是我所说的杜甫是用他的生命来写他的诗篇,用生活来实践他的诗篇的。(叶嘉莹:《唐宋词十七讲》第323页,岳麓书社,1989)

叶先生所说的"忠爱缠绵",用读者更熟悉的话说即终生不变的忧国忧民之心。我们经常说杜甫的诗格调高古,高古的格调来自博大的胸襟,来自于拯时济世、忧国忧民之心。杜甫的忧国忧民表现于他一生的诗歌创作中,忧国忧民是他全部创作的中心主题。著名的"三吏""三别"不去说它了,让我们以他的一首五言诗——《自京赴奉先县咏怀五百字》——来体会杜甫那一颗忠爱缠绵、忧国忧民之心吧!

这首诗作于公元755年(天宝十四年)秋冬之交。此时,安史之乱已经爆发,但消息尚未传到京城。杜甫自京赴奉先县,一路上所见所闻令他忧心如焚,他似乎已预感到动乱即将到来,于是情动于中,发而为诗,忧愤难抑,悲壮感人。

原诗500字,且看第一段:

> 杜陵有布衣,老大意转拙。
> 许身一何愚,窃比稷与契。
> 居然成濩落,白首甘契阔。

盖棺事则已,此志常觊豁。
穷年忧黎元,叹息肠内热。
取笑同学翁,浩歌弥激烈。
非无江海志,潇洒送日月。
生逢尧舜君,不忍便永诀。
当今廊庙具,构厦岂云缺?
葵藿倾太阳,物性固难夺。
顾惟蝼蚁辈,但自求其穴。
胡为慕大鲸,辄拟偃溟渤?
以兹误生理,独耻事干谒。
兀兀遂至今,忍为尘埃没。
终愧巢与由,未能易其节。
沈饮聊自遣,放歌破愁绝。

这一段的大意是说,我这人真傻啊,简直是越活越糊涂了,明明是布衣老百姓,偏偏要自比稷与契(虞舜时的著名贤臣)。如此想入非非,当然是失败无疑了。然而我并不灰心沮丧,心中仍怀有实现理想的憧憬和希望。虽然穷困潦倒,但我忧心如焚,念念不忘百姓的疾苦。同学先生们笑我迂阔不合时宜,但我却壮怀激烈不改初衷。难道我真心不想泛舟江湖、潇洒度日吗?非也。只因为生逢盛世明君,我想拯世济民为国效力,不忍撒手远去罢了。当然我也知道朝堂政坛人才济济,也不独缺我一个,真的走了也无妨,但我天性如此,就像葵花向太阳。我愿慕大鲸成宏业,绝不愿似蝼蚁之辈一心为自己。我愿耿介去做人,羞于钻营去巴结。所以到现在仍埋没尘埃之中而无出头之日。像我这样的人,既不能高攀稷与契,亦不愿沉沦或俯就,又不忍像巢、由那样逃避现实。唉,没办法!喝酒吧:"沈饮聊自遣,放歌破愁绝。"

这一段直抒胸臆,感慨中有心酸,自嘲中有幽愤,牢骚中有忠心,感伤中有执着,终是一个不放弃——自知不合时,终于不放弃。这就是杜甫——"知其不可而为之","虽九死犹未悔"。中国知识分子积极用世的社会责任感,终生不变的忧患意识,以及自知与世不合又不改初衷的心理矛盾等等,统统在杜甫身上体现出来了。

接下来第二段("岁暮百草零……惆怅难再述")叙写他一路上的所见所闻所思所感:一边是皇家豪门的奢侈靡费,一边是贫民百姓的生存艰难,这种鲜明的对比,杜甫以"朱门酒肉臭,路有冻死骨"这一千古名句概括之,令人惊心动魄。面对这一无法改变无法忍受的社会现实,他痛心疾首,苦到无言:"荣枯咫尺异,惆怅难再述"。

第三段("北辕就泾渭……澒洞不可掇")从路上写到家里。回家一看,全家号咷,幼子因为"无食"已经饿死了,境况极为凄惨。接下来杜甫又由自己联想到千千万万的普通老百姓:像我这样按规定可以免租免税免兵役的小官员之家尚且如此,普通老百姓的苦况可想而知了。既然民不聊生活不下去,恐怕大乱不会太远了。想到这里,他的忧思推向高潮:"忧端齐终南,澒洞不可掇"——我的忧愁像终南山一样连绵不绝,像大海一样无边无际。

读完全诗,杜甫的博大胸襟豁然展现在读者面前,一个有着伟大人品人格的形象屹立在读者面前,这就是杜甫其人。他一介书生,虽做过小官,但身份卑微、地位低下。可是,"位卑未敢忘忧国",他的一颗心始终系在国家、人民的利益之上,国家、人民是他的心安之所。他自己也知道自己位卑职低,能起的作用有限,"肉食者"未必愿意听你声嘶力竭的呐喊;况且朝堂人才济济,也轮不到我说话,我的忧国忧民好像是自作多情,一厢情愿,因此朋友们嘲讽我太过迂腐。这些我都知道,都承认,可是我天性如此,改不了啦!既然如此,那就让我将迂腐进行到底吧!只有这样我才能心安,否则心不安,活着不如死了好。——这就是杜甫,这就是杜甫的迂腐——迂腐的伟大,伟大的迂腐。中国历来不缺"聪明人",不缺"精致的利己主义者"(钱理群语),缺的就是杜甫的"迂腐"。

这种"迂腐"中蕴含着多么巨大深厚的人格力量啊!

杜甫的"心"被千古敬仰,因而千古流传,杜甫永远活在中国人心中!

(七)苏轼:面向宇宙的沉思使世俗的心灵得到安宁

熟悉中国文化,尤其是熟悉苏轼的人都知道他的一句名言:此心安处是吾乡。这句话出自他的《定风波》:"常羡人间琢玉郎,天教分付点酥娘。尽道清歌传皓齿,风起,雪飞炎海变清凉。万里归来颜愈少,微笑,笑时犹带岭梅香。试问岭南应不好,却道,此心安处是吾乡。"

这首词作于元祐元年,背景是,他的朋友王巩曾因受他的牵连被贬岭南偏远蛮荒之地,后来因形势变化两人均已回朝。一次,王置酒请苏轼小聚,席间王家歌女柔奴出面劝酒。苏轼看到曾跟随王巩万里归来的柔奴年轻活泼,完全没有沮丧之色,问之原因,柔奴笑对:"此心安处,便是吾乡。"此语深得苏轼之心,随即写下这首著名的《定风波》赠与柔奴。篇末"此心安处是吾乡"是整首词的灵魂和点睛之笔,既是对柔奴的赞美,亦是苏轼的夫子自道。

此心安处是吾乡,代表了苏轼的人生观念和处世态度,是他能够战胜连续不断打击而始终乐观旷达的精神奥秘。换句话说,心安之处即苏轼的精神家园,是他的灵魂归宿。那么苏轼的这个精神之家到底包含了哪些内涵呢?值得探讨。

1. 思想:取儒道佛之精华

人的一切行为无不受思想意识所支配,苏轼一生的进退行止当然也以其思想体系为根据。苏轼的思想体系恢宏阔大,渊博丰富,但其主干为儒道佛,也就是中国文化最重要的三元素。三元素中,苏轼以儒为本,旁参佛老,取舍自如,相互为用,自由地穿行于三家思想的密林里。

苏轼七、八岁开始读书,首先学习的是儒家经典。《宋史·苏轼传》载,苏轼少年时,父亲游学四方,母亲程氏亲自督促并讲授儒家经典及历史英雄人物,稍长,博通经史,好贾谊、陆贽书,青少年世界观形成时期就打下了坚实深厚的儒学功底,儒家仁人爱物、经世济民的思想已经在他心里深深扎下根基,成为他一生思想的核心。

苏轼对于儒家思想的接受首先表现于他积极用世、忠君报国的人生态度上。众所周知,儒家以修齐治平为目标,鼓励士人积极入世,建功立业,有为于天下。苏轼接受了这一思想,在二十二岁时应进士之考,考题《刑赏忠厚之至论》,苏轼依经立义,以仁义爱民之心,论刑赏皆应不失忠厚,突出表现了儒家忠恕仁义的治世思想,主考官欧阳修大为欣赏。入世之后,苏轼一生竭尽所能参政议政,尽最大的社会责任,虽历经打击迫害而不改志。以世俗看来苏轼不识时务自讨苦吃,然而这正是他的伟大之处,他真诚践行儒家思想,完全不顾个人利害得失,全心全意辅君治国、匡时救弊,一心要实现"致君尧舜,此事何难"的雄伟抱负。

苏轼受儒家影响还表现在他仁政爱民的行动上。苏轼从政数十年,推重孟子仁义之学,以民为本,以仁为本,殚精竭虑为民谋利。在朝中,无论反对王安石新法还是反对司马光废除新法,立足点只有一个,即老百姓的利益;在地方,他忠于职守,尽其所能为老百姓办好事办实事。苏轼一生在八个地方做官,每到一个地方都留下突出政绩。即使身为贬官,他仍然关心百姓,尽其所能为百姓做好事,每到一处都深受百姓欢迎。

在立身处世上,苏轼倡言"士以气为主",认为"古之君子,刚毅正直,而守之以宽,忠恕仁厚,而发之以义"。(《苏轼全集》[上]第626页,上海古籍出版社,2000)他这样说也这样做,他一生奉行儒家做人标准,处处表现出浩然之气,这充分体现出儒家思想对他的影响。

苏轼从小在接受儒家思想的同时,也受到道家思想的影响。苏轼自述七岁时曾从眉山道士张易简居天庆观学习三年,以道士为师自然受到道家的熏染,加之颇有道家气质的祖父的遗传,使苏轼从小就心仪《庄子》，一读之下有"得吾心矣"之叹。由于上述影响，使苏轼在年少气盛，刚踏入仕途正待雄心勃勃大干一番事业之时，内心深处随时可见庄子思想的流露："人生本无事，苦为世味诱。——今予独何者，汲汲强奔走。""日月何促促，尘世苦局束。"由这些诗看出，苏轼内心深处与庄子是何等的心有灵犀一点通。

苏轼终生都保持着对道家思想的浓厚兴趣，尤其在仕途受挫被贬官流放之后更是如此。贬居黄州时，他曾去天庆观斋居四十九日息心悟道。贬谪惠州时苏轼曾游罗浮道院，对曾炼丹于罗浮的道家人物葛洪更为倾倒，引为老师："东坡之师抱朴老，真契久已交前生。"还有，众所周知苏轼对陶渊明的倾慕，也因为道家思想使他们相通。

对于佛教，苏轼也是从小就开始接触的。苏轼的祖母、父母皆信奉佛教，所以耳濡目染略知佛教。但年轻时血气方刚，一心考虑的是事君治国为民，儒家思想占主导地位，以佛老为"言以欺世"的虚妄之学，所以持抵触排斥态度。后来因反对王安石变法遭打击而自请外任，出任杭州通判期间遍游古刹名寺，结交佛界高僧，思想开始与佛禅靠近，胸中不平之气渐消。然而真正开始从思想上接受佛理，是在被贬黄州之后。无端的冤案使苏轼险遭不测，心灵受到极大震撼，从此之后佛家思想成为他解脱痛苦、抚平创伤的一帖良药。他在黄州安国寺里默然静坐，佛理禅思把他从现实苦难中拯救出来，使他做到物我相忘、身心皆空，进入佛之境界，内心超然清净、了无挂碍。后来谪居惠州，他进一步精研佛理，以期"以无所思心会如来意"，"以无所得故而得"。佛学的精研，佛理之参悟，使苏轼吸收佛家精华进入求静且达、了悟生命、慈悲为怀的人生境界。

以上分别谈了苏轼对儒道佛三家思想的接受，事实上三家思想互有相通之处，往往难以截然分开，而苏轼在吸收和表现这些思想时也往往是取其精华，融会贯通，熔铸为自己丰富博大的思想体系。

2. 视角：终极与社会的互补

众所周知，儒道佛三家的人生旨趣和处世原则大为不同，儒家入世，道家出世，佛家遁世，然而苏轼为什么能将三家和谐地融为一体，自由出入于其中呢？这里的奥秘在于，苏轼的精神世界既涵纳又超越三家，他总是将人生置于宇宙大背景下，从终极视角看待人生和社会，因而视野极为宏阔，精神极为解放，灵魂自由地飞翔于天和地之间，穿行于儒道佛思想的密林里。这里的"天"即指宇宙（哲学本体论意义），这是人类生存的大背景，从这一视角观察思考问题，我们称之为终极视角；这里的"地"指现实的社会生活，从这一视角观察思考问题，我们称之为社会视角，日常视角，世俗视角。"终极"和"社会"两种视角相互作用，互为补充，使苏轼既立足现实又超越现实，身在世俗而心超世俗，成为灵魂自由、处世洒脱、行高于众之人。

宇宙无限（时间无始无终，空间无边无际）而人生有限（从时间看每个人只有一生，从空间看每个人只有一身），这是人类永恒的生存困境。从宇宙角度看，不但每一个体显得十分渺小，即使整个人类也显得微不足道。人生的升沉祸福际遇，从个人角度看事关重大至切至要；但从终极角度看则是自然常态，天地无私无情，本不以人间利害感情为转移，正所谓"天地不仁，以万物为刍狗"。这是世界的真相，人类生存的真相，然而人们对这一真相却往往并不自觉。人们身处社会人际关系网络之中，满眼看到的是熙熙攘攘、为名为利来来往往的人群，萦绕于怀的是欲望的满足，为一己之利害得失而苦恼。人们之所以无法摆脱这些苦恼是因为身陷世俗泥淖，思路被日常的世俗之见堵塞了。

然而苏轼与众不同。他的聪慧明敏使他总是能清醒的、自觉的用终极视角观察人类、反思自身，他的心中时刻都有一个宇宙，随时都把自己、把人生放在宇宙大背景下进行思考。如《次韵答章传道见赠》中他写道："并生天地宇，同阅古今宙。视下则有高，无前孰为后。——君看汉唐主,宫殿悲《麦秀》。"(《苏轼全集》[上]第94～95页,上海古籍出版社,2000)这首诗从终极视角感叹人生:人生天地间,古今兴亡,人生短暂转瞬即逝机会难来,但纵使汉唐功业又该如何?转眼之间宫殿麦秀。这是人生徒劳,功业难成的悲叹。当然,最能代表苏轼终极视角又最为读者熟知的作品,当属他的赤壁三咏。

在《前赤壁赋》中,面对清风明月,浩瀚长江,联想到历史兴亡,"客"曾感叹人生之短暂:"寄蜉蝣于天地,渺沧海之一粟。哀吾生之须臾,羡长江之无穷。"对此,苏子另有看法,他认为江水流逝、月圆月缺无减少亦无增损,一切皆自然变化。生与死不过是生命的不同形式,由生到死就像水和月一样,生命本身其实并无变化。要说变化,天地万物每一秒钟都在变;要说不变,天地万物从来都不曾消失。苏轼的意思是说,从日常视角看,人生短暂,每分钟都在变化,生命挽留不住因而无限伤感;但从终极角度看这一切均属正常,没必要伤感和叹息,只需顺其自然尽情享受大自然的馈赠就是了。由"客"与"苏子"的对话可以看出苏轼灵魂深处的一个秘密,即他精神生活中有两个"我"——主我与客我,这段对话其实质是主我与客我的对话。客我代表日常世俗生活中的苏轼,看问题采用社会视角,现实视角;主我代表精神、灵魂生活中的苏轼,看问题用终极视角。社会视角当然要受现实世界诸多限制,是不自由的,而终极视角超越了现实的任何限制,因而是无限开阔无限自由的。在终极视角下,个体的"小我"化入了宇宙的"大我",与宇宙合为一体,成为宇宙的一分子,于是心胸像宇宙一样开阔深远,心态似宇宙一样肃穆宁静。

终极视角蕴含主我客我两重自我,两重自我看人生,使苏轼产生"人生如寄"、"人生如梦"的意识。在文学史上,用"梦"来比喻人生的比比皆是,苏轼更是如此。据有心人统计,单是《全宋词·苏轼词》中,"梦"出现77处。其中比喻人生、人世间的有16个。

([日]保苅佳昭:《新兴与传统——苏轼词论述》第77页,上海:上海古籍出版社,2005)如读者熟悉的:"世事一场大梦,人生几度秋凉","笑劳生一梦,羁旅三年,又还重九","一梦江湖费五年","十五年间真梦里","万事到头都梦,休休,明日黄花蝶也愁"等等。不仅如此,苏轼还对白居易的"百年随手过,万事转头空"下了一个转语,曰"休言万事转头空,未转头时皆梦",意谓不但过去之经历如梦般虚幻,即当前的一切也虚幻如梦,较白诗更彻底,可见其人生虚幻意识的深化。从个人说,梦做到死为止,死被认作梦醒;但从人类历史说则生命不断延续,历史成为一个永无觉醒之期的大梦,如苏轼所说的"古今如梦,何曾梦觉,但有旧欢新怨"。这是将人生虚幻意识推广至于历史虚幻意识,又是一层深化。他还在诗中说:"物生有象象乃滋,梦幻无根成斯须。方其梦时了非无,泡影一失俯仰殊。"(《苏轼全集》[上]第412页,上海古籍出版社,2000)这又是将一切存在之物的存在都认作梦境了。总之,过去、现在、将来、宇宙、历史、人生,无不如梦,无不虚幻。既然如此,那么客我,即现实生活中姓苏名轼字子瞻的这个人的存在,这个人所经历的一切,从终极视角看,也不过是"梦"与"幻"罢了,因此不必过于坚执胶着,过于迂腐僵化想不开。

双重自我看人生,让苏轼走出了苏轼,苏轼成为苏轼眼中的第三者。客我之身的苏轼身陷世俗罗网,承担多重社会责任,面临多种社会冲突,亲历穷通宠辱际遇,尝遍人生百味;但无论客我走到哪里,主我就跟到哪里,主我时刻提醒客我,你既是你又不是你,在你之外还有一个你,肉身的你与世浮沉,精神的你与宇宙同在,因而不必坚执迂腐,达时不必得意,穷时不必悲凄。

终极视角和两重自我之意识,彻底解放了苏轼的思想,使他的精神、灵魂摆脱了现实的羁绊而自由飞翔于天和地之间。"天地之间",意谓既立足现实又超越现实,既超越现实又不脱离现实,天地之间有一根隐形的线,形成一个张力场。终极视角和社会视角,主我与客我是苏轼灵魂生活的基本元素,是苏轼精神世界的奥秘。正是两种视角的谐调互补,支配着苏轼的进退出处,使他能相对自由超脱地与各种现实人生困境相周旋。

3. 两种视角与心灵家园

灵魂飞翔于天地之间,用终极和社会两种视角看人生看世界,是苏轼的人生智慧,也是中国文化的智慧(道、佛中就蕴含着终极视角)。走出苏轼,走出中国文化,发现其实这也是人类的智慧,其他民族的智者在洞察宇宙人生之秘密后,在彼此不同的文化语境下,也学会了用两种视角看问题。

法国十七世纪科学家和思想家帕斯卡尔对人与宇宙的关系有深切的理解。他说:"让人思索自然界全部的崇高与宏伟吧,让他的目光脱离自己周围的卑微事物吧!让他能看看那种辉煌灿烂的阳光就像一座永恒不熄的爝火在照亮着全宇;让地球在他眼中比起太阳所描扫的巨大轨道来就像是一个小点;并且让他震惊于那个巨大轨道的本身比起苍穹中运转着的恒星所环绕的轨道来,也只不过是一个十分细微的小点罢了。"([法]帕斯卡尔:《思想录》第28页,商务印书馆,1985)这段话道出了帕斯卡尔对人的生存处境的认识和感受:一边是"自然界全部的崇高与宏伟",一边是"自己周围的卑微事物",两种视角互补,就能从日常眼光中惊醒,从而看到事情的真相并感到震惊。

德国十八世纪的思想家康德在他的名著《实践理性批判》中说过一句著名的话:"有两种东西,我们愈时常、愈反复加以思维,它们就给人心灌注了时时在翻新、有加无已的赞叹和敬畏:头上的星空和内心的道德法则。"([德]康德:《实践理性批判》第164页,北京:商务印书馆,1960,加点字为原文所有)"道德法则"来自社会伦理规范,"头上的星空"则是神秘的宇宙大自然,说是"神"和"上帝"也未尝不可。这是康德所理解的人类精神生活的两种神圣元素,观察思考问题的两个坐标,两种角度。

神秘的宇宙,永恒的秩序,是德国文化大师们共同追索的目标。贝多芬,德国文化的代表人物之一,同样痴迷于神秘的宇宙。贝多芬自述道:"当黄昏来临,我满怀着惊奇感,注视着天空,堕入了深思;一群闪闪发光的天体在那里旋转运行,永无停息,那就是我们称之为世界和太阳的天体;此时此刻,我神游魂驰,精神超越了这些距离我们亿万公里的群星,一直向那万物之源奔去——一切造物皆源于此;它也是一切新的造物的源泉。于是,渐渐地,天哪,我就试着把我心中的那团激情转化成音响。"(转引自赵鑫珊:《贝多芬之魂》第89页,上海音乐出版社,1997)这段自白意味深长,告诉我们他的乐思和灵感常常来自他对星空的仰观沉思。这仰观沉思既是贝多芬宇宙宗教感的源泉,也是他的音乐具有永恒艺术魅力的精神源泉之一。

英国作家毛姆,在一篇《上帝与神秘主义》的文章里说:"我仔细想想日月星辰之间无比遥远的距离,以及光从那些星球到达我们这里所需的无比悠长的时间,不禁肃然生畏。星云的无法想象的广大无边使我瞠目结舌。(《毛姆随想录》第31页,百花文艺出版社,1992)

通过以上随机举例可以看出,从宇宙终极角度看人生看世界,应该是古今中外人类的共同智慧。终极视角的运用,根本意义在于打破了人们的常规思路,解放了被日常的世俗视点所拘禁的传统思想,获得一种勘破事物真相、回归心灵家园的温馨感。终极视角极大地开拓和提升了人类的精神空间,使人类的思想在终极视域里得到最大限度的自由和解放,畅游于本真存在的境界中。从终极视角看人和世界,眼光深邃而阔大,境界高远而静谧。在那里,一切浮躁的情绪都会宁静下来,人生的得失祸福都会被淡然处之,喧嚣不安的心灵都会得到某种程度的安抚。

终极视角的这种"精神医疗"作用,只要是注重精神生活质量的人,大概都发现过,体验过。例如,罗丹说:"世界上没有比冥想和幻思更使我们幸福,这正是现代人最易忘却的东西。衣食不足,不减其乐,而以智者的态度享受眼与心灵时刻遇到的无数神奇,这样的人好似神仙下凡。"([法]《罗丹艺术论》第126页,人民美术出版社,1978)爱因斯坦也有同感,他说"能潜心于一些永恒的东西毕竟是很好的事,因为只有从这些永恒的东西中才能产生出一种精神,这种精神能使人世间重获和平与安宁"。([美]《爱因斯坦谈人生》第52页,世界知识出版社,1984)以此观之,面向宇宙的沉思使世俗的心灵得到安宁,这是苏轼同时也是古今中外圣哲共同共通的人生智慧,这种智慧对人类的精神生活具有永恒的启发意义!

(八)冯友兰:视学术为生命,书写不完心放不下

北京大学教授冯友兰先生(1895～1990),著名的中国哲学史学者,成名于二十世纪三四十年代,二卷本《中国哲学史》和《贞元六书》使他名满天下,遂为中国哲学一个时代的代表。新中国成立后屡经政治运动的打击批判,饱经磨难,至文革结束时已年迈力衰,精力不济,以常人而论,应该安享幸福晚年了。然而,年过80的他却雄心未泯,他还牵挂一件大事,那就是祖国的旧邦新命的命运,中华民族的前途。于是他重理旧业,决心再写一部中国哲学通史。多年的政治批判干扰破坏了他的学术生涯,然而他的学术思考却一天也没有停止。多年的思考成果需要整理,一生的学术成果需要综合,需要创新,需要提高,正所谓"老骥伏枥,志在千里;烈士暮年,壮心不已",所以即将进入耄耋之年的他,决心完成一项对他自己和中国哲学史来说的一项大事业。

当时他制订了一个写作七卷本《中国哲学史新编》的计划,立志把中国哲学从传统到未来的来龙去脉讲清楚,把古典哲学中有永久价值的东西阐发出来,推动中国哲学的进一步发展,为振兴中华做出新的贡献。

接下来是旷日持久的艰苦劳作。在这期间,他经历了连遭亲

人(老伴和小儿子)伤逝的悲痛,又常常为各种疾病所缠扰,但他仍坚持了下来。由于视力逐渐全失,他只能听人念材料。他的听力又很差,可他却总是不厌其烦地一遍一遍地听。由于年高体弱,他只能每天上午工作,他力争不浪费这半天的每一分钟,甚至为了不因上厕所而中断工作,他上午几乎不喝水。多少年他没有休息过一个寒暑假。如果他有休息一段时间的时候,那一定是因劳累过度躺在医院的病床上了。

冯先生生命的最后几年身体状况日渐不佳,住医院的次数日渐增多。这时他想的仍然不是延年益寿,而是如何加紧完成《新编》的最后一册。他对女儿说,因为事情没有做完,所以还要治病,等书写完了,再生病就不必治了。因为心有所系,所以每次住医院总能渐渐好起来,接着再做事。1990年四至七月间,冯先生写完第七册,并修改定了稿,一桩大业终于完成,一件心事终于放下,他没有遗憾了。秋天,再次生病住院,他再也没有起来,他含笑告别了他所挚爱的人世间。

因为书没写完,心不能安,所以不能放心地去死,写书的意念悬着让生命弱弱地延续,直至最后彻底完成才放下来。冯先生视学术为生命,事业是他的精神家园,灵魂归宿,是他的心安所在,他的生命与学术合为一体了。

冯先生晚年的事迹正可以用两句中国古诗来形容:"春蚕到死丝方尽,蜡炬成灰泪始干。"他为哲学呕尽了心血,鞠躬尽瘁,死而后已。他如此的努力,如此的拼搏,为名么?可笑!他早在青年时期就已名扬天下,成为哲学界大师级人物,老年时一个字不写,哲学史上仍有他的地位。为利么?荒唐!他需用的钱十分有限,仅他的工资就用不完。他治病需要钱,但他享受的是公费医疗。他不知道生命的虚无么?怎么可能!他是哲学家,他有什么东西看不透?!那么他到底为什么呢?他的女儿冯宗璞的回忆文章中的一段话可以回答这一问题。

人们常问父亲有什么遗言。他在最后几天有时念及远在异国的儿子钟辽和唯一的孙儿冯岱。他用力气说出的最后的关于哲学的话是:"中国哲学将来一定会大放光彩!"他是这样爱中国、这样爱哲学。当时有李泽厚和陈来在侧。我觉得这句话应该用大字写出来。(《铁箫人语》第7页,春风文艺出版社,1994)

冯先生晚年的人生作为,可以用他自己著名的"人生四境界说"加以解释,或者说是他"人生四境界说"的实践体现。这四境界是:自然境界、功利境界、道德境界、天地境界。冯先生认为天地境界是人生的最高境界,进入这种境界的人不仅了解人在社会中的使命,而且了解人生在宇宙中的地位和作用,对宇宙人生有完全的了解,这种了解是对宇宙人生的最终觉解,可以使人的生活获得最大的意义,使人生具有最高价值。天地境界的核心及特点是"天人合一",那么"天"的特点是什么?是"行健"(天行健——生生不息,永远在不停地运动变化),那么人与之"合一"(与之合拍,合其规律)即"君子以自强不息"——活到老,努力到老,直至生命最后一息。冯先生用精彩光辉的一生进入了自己所说的"天地境界",完美地诠释了自己的人生哲学,活出了理想中的人生意义,塑造出一代哲人、智者的完美形象。

(九)黄万里:良知良心是立身处世的最高原则

黄万里,著名教育家、革命家黄炎培第三子,1924年入无锡实业学校学习,1927年进入唐山交通大学(现西南交通大学)学习,1934年赴美留学,获美国康奈尔大学硕士学位,1937年获美国伊利诺伊大学香槟分校工程博士学位。黄万里是第一个获得该校工学博士学位的中国人。

1945年在南京出任水利部视察工程师,1947年出任甘肃省水利局局长兼总工程师、黄河水利委员会委员。1949年出任东北水利总局顾问。1953年被调至清华大学任教。在随后的年间,他编写了重要的学术专著《洪流估算》和《工程水文学》。

1955年4月,黄河三门峡大坝工程动工。同月,中国水利部召集学者和水利工程师70多人就已开工的黄河三门峡水利规划方案进行讨论。在当时流传"圣人出,黄河清"的言论下,黄万里是唯一反对建造三门峡水库的与会者,并与其他专家在会上进行了七天的辩论。

1957年6月19日,黄万里在清华大学校刊上发表散文《花丛小语》,被错划为右派。1969年下放江西鄱阳湖劳动,1974年被揪回清华大学批斗,并在此期间完成《论治理黄河方略》。1980年被清华大学党委"平反"。1998年被清华大学批准给研究生授课。

黄万里主张从江河及其流域地貌生成的历史和特性出发,全面、整体地把握江河的运动态势;认识和尊重自然规律,把因势利导作为治河策略的指导思想。他的这一理论,在学术界有广泛的影响。他一生坚持反对修建黄河三门峡水利工程及长江三峡水利工程,是源自其水利的基本理念和对中国水资源的深刻认识;但他的治黄策略及对于三峡工程的意见均未被采纳;在被"平反"以后,他多次向中央去信,阐述自己的观点,但没有得到任何答复。

黄万里在去世前曾对探望他的学生和家属留下遗嘱,谆谆告诫的还是治理江河的国家大事,没有一句提个人及家事。满腔的深情,火一样的大爱,全部倾注于祖国人民,倾注于他耗尽了毕生精力为之忍受了无限屈辱痛苦的江河。

早在1956年5月,黄万里就向黄河流域规划委员会提出了《对于黄河三门峡水库现行规划方法的意见》。意见书全面否定苏联专家关于三门峡水库的规划,而不是只在个别问题上持不同意见。1957年上半年,三门峡工程开工。黄万里在水文课堂上科学论证了不宜建三门峡工程,他对"圣人出,黄河清"的说法甚为不屑,使人觉得这种说法实出于政治阿谀而缺乏起码的科学精神。

1958年11月,三门峡工程开始黄河截流。1960年6月高坝筑至340米,开始拦洪,同年9月关闸蓄水拦沙,是年潼关以上渭河大淤,淹毁良田80万亩,一个小城被迫撤离。库内的水位在涨,库区的农民一批批挥泪踏上离乡背井之路。正中黄万里的预见。其实,黄万里只是本着科学家的良知,说出了关于黄河及泥沙与三门峡大坝问题的科学的真话,可是他被非民主决策击败了,他成了"反党反社会主义的右派分子"。

于是三门峡工程改建的"两洞四管"方案确立。改建的四条钢管于1966年7月投入运用,增建的两个隧洞分别于1967年8月、1968年8月建成,水库淤积开始减缓,排沙能力依然不足,潼关以上河床"翘尾巴"淤积还在继续。

事实虽证明真理在黄万里一边,但令人伤心的是,有些人反而迁怒于提出正确意见的黄万里。1961年,黄万里奉命在密云劳动,与民工同居同食同劳动。"文革"中更被贬到三门峡挖厕所以示惩罚。

1964年,黄万里曾有摘掉右派帽子的机会。毛泽东在一次与黄炎培的会面中说"你儿子黄万里的诗词我看过了,写得很好,我很爱看",希望黄万里写个检查,可以顺势"摘帽"。而黄万里上书毛泽东,说三门峡问题其实并无什么高深学问,而1957年三门峡70人会上,除我之外无其他人敢讲真话。请问"国家养仕多年,这是为什么?"

三门峡工程的一切问题和灾难都按黄万里的预言来了。我们从这一重大失败中总结教训,可以使我们获得大量思想资源。但传统文化的惯性却导致一些人要隐瞒真相,歪曲事实,混淆是非,为自己、为大人物、为尊者,文过饰非。在央视2003年10月31日《经济半小时》节目谈到三门峡竟然歪曲史实只字不提黄万里。其后黄万里之子黄观鸿公布了黄万里生前的控告信并援引《三门峡工程争辩史料》予以批驳。

1960年9月,三门峡大坝建成,大坝下闸蓄水。工程总投资预算为 13 亿元,而工程总结算时实际耗资达 40 亿元。对当时的中国来说,这相当于四十座武汉长江大桥的造价。特别是从 1959 年以来,中国进入所谓的三年自然灾害时期,经济发展出现大倒退,一些农村出现饿死人现象。就是在这样的情况下,三门峡工程跟原子弹试验工程一样,得到中央政府财政上的特别优先保证。如果把这 40 亿元用来购买救灾粮,至少可以获得 800 亿斤粮食,这些粮食足以挽救几千万中国人的生命。

整个三门峡工程造成的损失据估算不下百亿(相当现在的一千亿以上),还涉及 40 多万农民从渭河谷地被迫向宁夏缺水地区移民,其中 15 万来回迁移十几次,给他们造成了人生中难以想象的惨剧,连国务院派去视察的高官都为之落泪,说:"国家真对不起你们!"

1980 年 2 月 26 日,在度过了 22 年半的右派生涯后,黄万里终于获得了右派"改正的决定"。决定只有短短几行,称:"黄万里同志原划右派问题属于错划。经中共北京市委批准予以改正。恢复政治名誉,恢复高教二级教授的工资待遇。"

经历了 20 多年的冤屈,黄万里仍没学会看政治风向表达学术观点。从建长江三峡大坝的消息传出后,黄万里就先后给众多国家领导人上书,不遗余力地反对这一决策。他从多方面详细科学地论证长江大坝不可建,他建议立即停止一切筹备工作,分专题公开讨论,不难得出正确的结论。1986 年,中共中央、国务院决定对三峡工程进行论证,黄万里教授没有被邀请参加工程论证。黄万里数次给中央领导人和政治局,国务院总理、副总理、国家监察部写信,痛述三峡工程的危害。要求中央决策层给他半个小时的时间,陈述为什么三峡工程永不可建的原因。但是这些信件都泥牛入海无消息。

黄万里在有生之年,看到自己对三门峡的意见不幸言中,痛心疾首,反复叨念:"他们没有听我一句话!"晚年病重昏迷中喃喃呼出:"三峡！三峡,三峡千万不能上！"2001年8月27日,他带着无尽的遗憾离开了人世。

为了祖国和人民,黄万里毫无保留地献计献策,虽不被采纳甚至不断遭受打击和批判也要继续提出不同意见。环境与己大不利时,以一般人情度之,大多数人都要明哲保身、装愚守拙、三缄其口了,然而黄却不顾一切反其道而行之。为什么？为了他的良知、良心,为了心安。他自己的良知良心不允许他明哲保身,良知良心是他立身处世的最高原则,正如他的一位学生在黄的追悼会上所说,在国内水利学界,多年来,黄万里代表着科学家的良心。他当年的助教回忆说,黄先生最大的特点就是为人耿直,敢说敢言,不管什么时候,不管针对谁,他都是照说不误,有时可以说是口无遮拦。在他对三门峡工程的意见中,这种性格得到了体现。

(十) 史铁生:当代最有灵魂的作家

2012年1月4日在中国作家协会召开的"史铁生文学创作研讨会"上,哲学家周国平先生说:"我简要地说一说我心目中史铁生的价值,这个价值归结为一句话就是:他是中国当代最有灵魂的作家。""我想说出一个我自己真心认为、但无须别人赞同的看法:铁生是中国当代唯一可以称作伟大的作家,他代表了也大大提升了中国当代文学的高度。倘若没有铁生,中国当代文学将是另一种面貌,会有重大缺陷。在这个灵魂缺席的时代,我们有铁生,我们真幸运！"(岳建一主编:《生命——民间记忆史铁生》第312～313页,中国对外翻译出版社,2012)

那么史铁生的灵魂深度具体表现在哪些方面呢？应当说,表现于他所有作品的字里行间,表现于他一生的人生实践中。这里化复杂为简单,粗疏地提炼归纳于以下几个方面。

1. 自我省察

在史铁生作品,尤其是《病隙碎笔》中,常常见到这样的句式——"我和史铁生"。如:"史铁生和我,最大的缺点是有时候不由得撒谎。好在我们还有一个最大的优点:诚实。这不矛盾。我们从不同时撒谎。我撒谎的时候他会悄悄地在我心上拧一把,他撒谎的时候我也以相似的方式通知他。——公开的诚实当然最好,但这对于我们,眼下还难做到。"(《病隙碎笔》第40页,人民文学出版社,2011)"不过这一个铁生,最根本的性质我看是两条,一为自卑(怕),二为欲念丛生(要)。"(《病隙碎笔》第37页,人民文学出版社,2011)

"我和史铁生"是什么意思?这说明史铁生的意识结构里有主我和客我两个"我"——坐在轮椅里叫史铁生的那个,是客我;在一边观察分析他,和他相伴相行和他对话的那个是主我。主我即意识或灵魂,或者说是意识之我,灵魂之我。

意识之我、灵魂之我,在《我的丁一之旅》中,史铁生称之为"永远的行魂"。这个永远的行魂(第一人称"我")是一个心灵或意识主体,既寄居于某个具体的人身上,有这个人的性格、经历、思想,又超越于某个具体人之外作抽象的形而上思考。这个"我"曾经在丁一,而今在史铁生,站在史铁生的视点上回想在丁一时的一切,于是有"我的丁一之旅"。这就是说,"我"作为永远的行魂是充分自由的,既可以观察分析丁一,也可以观察分析史铁生。他们的一言一行,包括内心无比复杂隐曲的心灵秘密,都在我的视野和掌控之中。"我"、丁一、史铁生,三位一体,写丁一也罢,史铁生也罢,其实都是"我"的灵魂的自我省察、自我剖析。

为了更清晰地观察自己,分析自己,史铁生还把"我"的灵魂的不同侧面分散放在笔下不同的角色身上。长篇小说《务虚笔记》塑造了残疾人C、诗人L、画家Z、医生F、女教师O、女导演N、从政者WR等。史铁生说,我不试图塑造完整的人物,倘若这小说中真有一个完整的人物,那只能是我,其他角色都可以看作是我的思绪的一部分。就连"我这个角色也只是我全部印象的一部分,自然,诸如C、L等人,都是我之生命印象的一部分,他们的相互交织、重叠、混淆,才是我的全部,才是我的心魂之所在。"(《病隙碎笔》第326页,人民文学出版社,2011)从史铁生的创作自白中我们可以知道,他笔下人物都是他省察自己灵魂的有意识安排。从欣赏角度看,我们从作品人物身上可以看到作者灵魂的某一侧面,某一因素,某一组成部分。

综上所述,无论史铁生用"我与史铁生"的句式直接剖析自己也罢,还是作为永远的行魂途径笔下人物,以及把自己分解为笔下若干人物也罢,都是史铁生有意为之,都是他自我反思、自我省察的手段。在笔者所见的文学史上,如此清醒、主动、自觉、严厉地解剖自己灵魂的作家,除鲁迅外,是相当罕见的。

2. 自我拷问

史铁生不仅有意识地自我反思、自我省察,而且还严峻地,甚至可以说近乎"残忍"地拷问自己,直至把自己逼向灵魂的绝境。例如,他在不同作品中多次讨论"叛徒"问题就是绝好的例证。

叛徒,在中国文化语境、尤其是在革命文化中,是令人鄙视、乃至深恶痛绝的对象。只要是叛徒,人们不问原因,不加任何分别,一律打入地狱,让其永世不得翻身。但史铁生在人们从不假思索的地方设身处地进行思考,发现叛徒与叛徒并不相同,有的是为荣华富贵而给别人使坏的人,有的是暴行下的屈服者,史铁生所讨论的叛徒单指第二类。

史铁生以一篇报告文学为例讨论叛徒的境遇。兄弟两人参加革命,哥哥还是弟弟的引路人,然而哥哥被敌人抓去了,因经受不住酷刑的折磨成了叛徒,而弟弟没有被抓住因而成了受人爱戴的人。史铁生在思考,如果是弟弟被抓住了呢?那么有两种可能,一是确实不怕死,二是和哥哥一样成了叛徒。看来是英雄是叛徒,有时候就在于看谁更幸运和倒霉。史铁生说,谁是叛徒无关紧要,要紧的是世界上确有哥哥这样的人,确有这样饱受折磨的心。史铁生是个善良敏感、极富同情心的人,面对哥哥的不幸,他说自己找了个没人的地方呆坐很久,心中全是愕然,以往对叛徒的看法似乎都在动摇——"我慢慢地看见,勇猛与可敬之外还有着更为复杂的人生处境。我看见一片蛮荒的旷野,神光甚至也少照耀,惟一颗诉告无处的心随着生命的节拍钟表一样地颤抖,永无休止。"(《病隙碎笔》第79～80页,人民文学出版社,2011)

　　事情到此还不算完,在设身处地想象叛徒困境的同时,他进一步把问题推向深入,深入到把自己推到了哥哥的位置上,严肃而冷峻地拷问自己:"你是他,你怎么办?这问题常使我夜不能寐。一边是屈辱,一边是死亡,你选择什么?一边是生,是永恒的耻辱与惩罚,一边是死,或是酷刑的折磨,甚至是亲人遭连累,我怎样选择?这问题在白昼我不敢回答,在黑夜我暗自祈祷:这样的事千万别让我碰上吧。但我知道这不算回答,这惟使黑夜更加深沉。我又对自己说:倘这事真的轮到我头上,我惟求速死。可我心里又明白,这不是勇敢,也仍然不是回答,这是逃避,想逃开这两难选择,想逃出这最无人道的处境。"(《病隙碎笔》第80页,人民文学出版社,2011)怎么办,怎么办,怎么办,问题谁能回答,谁敢回答,尤其是,无保留地真诚地回答?

　　这就是史铁生!他把自己逼到了人生命运的绝境拷问自己。他没说自己会毫不犹豫地选择死亡,而是承认在这种情况下自己也可能软弱,可能犹豫,可能无奈,也会进入两难。这种真诚的剖白、坦率、坦诚,请问哪个作家已经做到或可能做到?我们所知道的是,一般作家对此敏感问题一是小心谨慎地避开,如果避不开了就含糊笼统地说些流行的大话空话和套话,没有人敢于直面它,更没有人把自己摆进去冷酷无情地拷问自己,直至拷问出灵魂深处的犹豫和软弱。勇哉,史铁生!敢于直面自己灵魂,敢于承认自己也可能会软弱的人才是真正的勇士——灵魂世界的勇士。在中国,历来少有这样的勇士。

3. 自我忏悔

与清醒的自我省察与冷峻的自我拷问相一致，史铁生还具有清醒、冷峻的自我忏悔意识。由于他对灵魂的纯洁清净有相当高的要求，对自己的灵魂动向明察秋毫，所以如果有一思一念、一瞬间的不良表现，都逃不过他的眼睛，他发现后都会对之做严肃的、不留情面的自我批判，自我忏悔。

《奶奶的星星》是史铁生以自己奶奶为原型的获奖小说，作品主要写奶奶对"我"的精心抚养，"我"在感情上对奶奶如何依恋，祖孙情深，相当感人。但是，奶奶的出身是地主，曾经影响到"我"政治上的进步（入团），尤其是文化大革命之初，红卫兵矛头直指"地富反坏右"，"我"心里一直害怕红卫兵知道了对自己不利。直到有一天母亲告诉"我"奶奶回老家了，"我倒是松了一口气。那些天听说了好几起打死人的事了。不过坦白地说，我松了一口气的原因还有一个：奶奶不在了，别人也许就不会知道我是跟着奶奶长大的了。我生怕班里的红卫兵知道了这一点，算我是地主出身"。（《命若琴弦》第191～192页，人民文学出版社，2011）怕奶奶出身连累了自己，在那个特殊语境中完全可以理解，但毕竟暴露了灵魂深处的自私。这件事，史铁生不止写过一次。在回忆性散文《小恒》中，他再次明确写道："我松了一口气。但即便在那一刻，我也知道，这一口气是为什么松的。良心，其实什么都明白。不过，明白，未必就能阻止人性的罪恶。多年来，我一直躲避着那罪恶的一刻。但其实，那是永远都躲避不开的。"（《我与地坛》第91页，人民文学出版社，2011）史铁生把危难时刻的私心上纲上线为"人性的罪恶"，可见他对自我的审判多么严厉，自我的忏悔多么深切。

比这事更小的对奶奶的不敬他也不放过。——"文革"后期，奶奶参加"专政学习班"学习报纸上的社论，奶奶学得很认真，不懂的地方总想让"我"给她讲一讲。而"我"知道这些东西非常无聊，不但不讲而且还揶揄她：您学那玩艺儿有用吗？您以为把那些东西看懂真能摘掉什么帽子?这话对奶奶无疑是一种伤害,为此,史铁生在小说(《奶奶的星星》)和散文(《老海棠树》)中不止一次提到这件事情,每次提到都说"我不能原谅自己"。

忏悔意识体现得比较集中的是散文《文革记愧》,其中记录的让史铁生感到"愧"的事由略述如下:

>"文革"期间我帮朋友抄写了一篇被当时的公安局认为有问题的小说,被发现了,警察追查小说来自何处,作者是谁。我最初未意识到后果的严重,打算把责任担起来,但慢慢意识到后果的可怕,于是当朋友们终于同意我的选择时,我胆怯了,但没有明确推脱,只是提醒自己家庭出身不好之类。为此我昼夜难安处于极度焦虑恐惧之中。直到朋友来让我实话实说不必自己扛时,我心里一阵轻松。——就为这"一阵轻松",当时就萌生了愧意,这愧意久久不散,盘旋心中十几年,直到把它公开书写出来。

细究其事,责任确实不该史铁生承担。但是如果替别人承担了,那么就解脱了朋友,而没有坚持承担,就把责任还给了朋友。换句话说,替朋友承担是义气,是牺牲自己掩护别人,是道德上的英雄;而不主动承担只是不再是英雄,只是把责任还给本该承担的人,也没有错误,即不必自责,不必有愧。但是,史铁生于本不必有愧的地方有愧,于本不必自责的地方自责,说明他对自己灵魂的纯洁度要求极高,对自己的道德约束极严,由此可见他的善良,他的高贵,他的纯净,他的灵魂深度。

这件事,史铁生要是不说出来,世界上知道的也只是相关的几个朋友,而朋友们对他的选择也表示理解而没有谴责,也许过去的事像一阵风一样地过去了(事实上也已经过去了,他不主动提也许大家就忘了),永远地沉没于历史的黑暗之中了。但史铁生却始终没有忘记,别人没有和他过不去,他自己和自己过不去——他不但严格地解剖自己,而且把它白纸黑字公之于众,这是何等的坦荡,何等的勇气!

自我省察、自我拷问、自我忏悔、自我曝光,都是灵魂深处自己和自己过不去。也许有人会说,你这是何苦!你内心里想啥,别人又不知道,更没人逼你。是的,别人不知道,自己知道;没人逼自己,自己逼自己;没人拷问我,我自我拷问。拷问的结果是把自己逼进"天堂所在的深渊"(雨果《悲惨世界》中的话)——神光照处发现幽暗,发现幽暗正因为心中的神光,幽暗与神光同在。主动用神光搜寻、缉捕、曝光那一丝幽暗,是所有灵魂高贵人的特征——他们不允许自己灵魂深处有一丝一毫、一星一点的杂质杂念,如果有了心不安。为了心安,所有的和自己的过不去都是值得的。只有和自己过不去,灵魂才能过得去——这是灵魂生活的悖论。

(十一) 出租车司机夫妇:敬畏良心

某日,笔者读杨绛先生九十六岁时写的新著——《走到人生边上》,其中"良心"一篇叙述的故事与杨先生的评述,与本书(《心安是家》)宗旨不谋而合,是"心安至上"之佳例,故全文照录,以避断章取义之嫌。谢谢杨先生啦!

二〇〇六年五月二十四日,《新民晚报》登载了一则报导。吉林省延吉市郊农村一对夫妇将十年前捡来的四万元交给了延吉市公安局,要求公安局为他们找到失主。我读后觉得这件真人实事很说明(关于良心的)问题。我先略述这则报道的梗概,再说我的见解。

一九九六年夏天的一个夜晚,上述地区一位四十九岁的出租车司机把一男一女两位乘客送到了他们要到达的地点,分文未得,还挨了一顿臭骂。乘客离去后,这位司机发现他们的一大包钱遗忘车上了,数一数,共四万元。

这位司机是贫困中挣扎求生的可怜人,生平未见过这么多钱。突然感到很害怕,连老婆也没告诉。

乘客男女两人是浑蛋,遗忘了那包钱,怎会不追究呢?四天以后,那男的乘客带了三个彪形大汉,找到了我们这位司机,不由分说,把他拉上一辆卡车,气势汹汹地问他有没有捡到五万元钱。又把他带到当地派出所,对警察说:这司机捡了他们丢的五万元钱不还。这司机又害怕又生气,就一口咬定没有捡到钱,心想:"我要是承认了,哪里去找他讹的那一万元呢。"

四万元对这位司机的诱惑力很大。半年后,警察再次询问他是否捡到了钱,他再次否认了。

他老婆知道了丈夫捡得巨款,也害怕了。她没有工作,又患有肝硬化重症,经常借钱看病。他们有个十四岁的儿子,父母俩总教育孩子要老实做人。可是这老实的夫妻俩得了这笔巨款,放弃又舍不得;动用吧,良心又不许。

这位为了维持生活和给妻子治病,卖过豆腐、烤过白薯、卖过血肠、种过菜的出租车司机说:"我什么都干过,就是没撒过谎。平生第一次昧了良心,那种难受劲儿就别提了。"他们夫妻俩天天教育孩子要诚实守信,可是一想到那笔钱,"讲着讲着心里就突然没了底气"。

这笔钱像一座大山,压得他们十年喘不过气来。他们终于把这笔钱交到了公安局,虽然过日子还是艰苦,心上却踏实了。

他们这十年受道德良心的折磨,就是所谓的"天人交战",也就是灵性良心和私心的斗争。他们是朴实的乡民,没有歪理。如讲歪理,可以说:"失主是欺压好人、讹诈好人的浑蛋,跟这种浑蛋讲什么道义!我的需要比你大!"他们就可以用来看病了,还债了,生活得宽裕些,这笔钱就花掉了。可是我们这位司机和他的老婆,灵性良心经过长达十年的拉锯战,还是胜利了。他们始终没有昧了良心。他们的行为感动了警察,说他工作了这么多年,第一次遇到这等事。也感动了记者,说这对善良夫妻的行为会让很多人反思自己,所以应该让全社会知道。

良心出自人的本性,除非自欺欺人,良心是压不灭的。

——选自杨绛:《走到人生边上》第189~191页,商务印书馆,2007

(十二)孙水林、孙东林:20年坚守承诺,被人们赞为"信义兄弟"

孙水林,男,1960年生。湖北省武汉市黄陂区泡桐镇人,建筑商。孙东林,男,湖北省武汉市黄陂区泡桐镇人,孙水林弟弟。

2010年2月9日,腊月廿六。在北京做建筑工程的孙水林回到天津,原定与暂住在天津的家人和弟弟孙东林聚一天再回武汉,但他查看天气预报了解到,此后几天,天津至武汉沿线的高速公路,部分地区可能因雨雪封路。他决定赶在封路前,赶回武汉,给先期回汉的民工发放工钱。春节前发放工钱,是他对民工的承诺。

当晚,孙水林提取26万元现金,带着妻子和三个儿女出发了。次日凌晨,他驾车驶至南兰高速开封县陇海铁路桥段时,由于路面结冰,发生重大车祸,20多辆车连环追尾,孙水林一家五口全部遇难。

弟弟孙东林为了完成哥哥的遗愿,在大年三十前一天,来不及安慰年迈的父母,将工钱送到了农民工的手中。因为哥哥离世后,账单多已不在,孙东林让民工们凭着良心领工钱,大家说多少钱,就给多少钱。钱不够,孙东林就贴上了自己的6.6万元和母亲的1万元。就这样,在新年来临之前,60多名民工都如愿领到工钱,孙东林如释重负。

"新年不欠旧年账,今生不欠来生债"。孙水林、孙东林兄弟20年坚守承诺,被人们赞为"信义兄弟"。2010年9月,孙水林、孙东林兄弟入选"中国好人榜"。后来被评为2010年度"感动中国"

人物。评委会给他们的颁奖词是：言忠信，行笃敬，古老相传的信条，演绎出现代传奇，他们为尊严承诺，为良心奔波，大地上一场悲情接力。雪夜里的好兄弟，只剩下孤独一个。雪落无声，但情义打在地上铿锵有力。

（十三）徐月胜、许涛：草根阶层的诚信

据《现代快报》报道，2013年10月10日晚，61岁的徐月胜老人从安徽芜湖赶到南京，寻找26年前他在南京租房打工时的房东。有轻微脑梗的他，在南京街头颤颤巍巍地走了两个多小时，也没有找到原来租住的所街。附近市民告诉他，这么多年过去了，所街一带早就拆迁了，以前的住户都已经四处分散，早就变样了，想在原地找到人，基本不可能。

老人是来还债的。26年前，他是在南京打工的，租住在所街，当时的房东叫沈庆强。因为有事要用钱，他就跟沈庆强借了300元。后来，老徐没来得及还钱，就离开南京了，与沈庆强也失去了联系。为什么这么多年一直没还钱，现在却突然这么着急？徐月胜老人说，以前自己生活很困难，没钱还。而最近他家里的地被征用了，刚拿到了一笔补偿款。谈话时，老人经常会蹙起眉头，似乎身体有些不舒服。"我必须还钱了，我的时间可能不长了。"老人随身带了一个布袋子，一直拎在手上。大家打开一看，里面全是药。那他带来的钱在哪里？老人撩起外套，解开捆腰的布带子，慢慢从后背的衬衣和裤子里面取出一个红色塑料袋。里面装了一沓钱，居然有1万元。干吗要带这么多呢？老人说，20多年过去了，当初的300元，他也不知道利息该有多少，带足一万元，就不怕不够还了。

市民毕先生说，老人的事情让他很感动，"房东都不一定记得这笔账，他却一直放在心上！"老人还打算继续寻找。据了解，以前所街一带都是农村，现在早已面目全非，找一个人非常困难。老人

说房东叫"沈庆强",年龄比他大几岁,估计目前是68岁左右。昨天,现代快报记者向警方了解到,南京竟然没有一个人叫做"沈庆强"。记者向建邺区南苑街道求助,一位工作人员在了解情况后也很为难,所街1队早已不存在了,现在只有所街村,下个月也要撤村了。(原文见《现代快报》2013年10月12日 孙玉春:《26年前借了南京房东300元》)

徐月胜老人艰难寻人还钱的事听起来似乎比较罕见,可是,中国人有句俗话:河里没鱼市上看,放眼更大的范围,尤其到最底层的民间看看,这类事其实也并不少见。

天津日报2015年5月14日报道了一个另一版本的诚信还款的事(刘畅 肖琳亚 孟若冰:《天津小伙践诺还款赢"赞"》)。原文摘要如下:

2012年,许涛还是北京化工大学即将读大四的学生,当年6月,他的父亲被查出患急性髓性M1型白血病,急需至少40万元治疗费用,许家经济困难,许涛募捐救父。许涛在募捐网帖写道:"我以人格作保向您筹借善款,因为哪怕仅仅是一块钱、一毛钱对我来说都非常重要。我希望您给我一个详细的账号,我会在3——5年内把钱打给您。因为是借,我承诺每年支付5%的利息给您。"

据报道,从2012年6月发起网络救助至2013年3月,许涛共收到千余名网友的善款57万元,曾(鹏宇)先生是其中之一,曾先生表示,没有谁会把许涛的"借"当真,他不还也没有人会苛责,但他依然选择了对于他来说艰难的归还捐款。

昨日,一篇《被遗忘的承诺者》的长微博走红网络,截至记者发稿时,爆料微博已经被转发超过了15万次,文中小伙践诺还钱的事迹也被各大媒体争相报道。这位被网友赞为"重信义、有出息、一个真正的男子汉"的年轻人,正是来自本市宝坻区新安镇的许涛。记者几经辗转,终于联系上了刚刚外出打工回家的许涛母亲邓女士，邓女士说："去年，他爹去世了，儿子也在北京找到了工作，每月 3000 多块。我也在农闲时，经常外出打工，干些体力活贴补家用。现在家里还有他爷爷，身体也不好，生活并不宽裕，但比以前好多了。现在许涛在北京租着 300 元一月的房子，平时省吃俭用，就是想早日把钱还上。"许涛还钱的事迹走红网络后，乡亲们交口称赞，母子俩的电话被"打爆"。许母说："欠债还钱，知恩图报，我觉得他做的都是应该的。"

许涛的大学舍友边先生告诉记者，许涛品学兼优，为人低调，就连当初为父亲募捐的事情也没有告诉任何同学。"他本来是一个健硕的小伙子，为了父亲的病，大四时每天奔波于京津两地，愣是瘦得皮包骨，还耽误了考研。现在，他在北京的居住条件也很差，一间被隔断的小房间里，除了临时搭建的木板床没有任何家具，为了省钱经常吃泡面。"

记者致电《被遗忘的承诺者》作者曾先生，他告诉记者，当他接到这位年轻人的电话时，已经完全记不起这件往事，也从没想到过居然能收回 3 年前的捐款。许涛告诉曾先生，在生活有所好转后，他从 3 月开始陆续还款，目前已经还了 1 万多元。虽然曾先生一再推拒，但许涛依然坚持还款，并希望曾先生能让这份爱心继续传递下去。让曾先生没有想到的是，许涛最终不仅归还了本金，还多加了 10% 的利息。

许涛跟曾先生说，当时很多人帮助了他，父亲也因此渡过了当时的难关，又撑了两年，但是最终还是在去年去世了。而他自己也已大学毕业。"现在情况好些了，我想把当初借的钱还给大家。"唯一遗憾的是，很多人当初没留联系方式，"我还在想办法找他们"。

曾先生向记者回忆道："他语气淡然、态度坚定，显得比同龄人成熟很多。"曾先生在微博中说道："这个忙乱而又现实的时代，我已经想不出来，还有什么比完成自己的承诺更宝贵的事，哪怕它已经被人遗忘！"

徐月胜、许涛的事迹让人感到温暖,从中可以看出草根阶层的诚信。在诚信普遍缺失的当下,这类事迹尤其值得赞赏。

(十四)王中霞:机舱清洁员两年交还失物价值百万

清洁飞机客舱,两年"清"出现金、物品等高达百万元,她无一例外选择归还失主,尽管家里还欠着十多万元外债,尽管她月工资只有1000多元。"人家的就是人家的,谁丢了肯定都可急。"王中霞说,这样做她心里很安稳。

王中霞是2009年11月来到郑州机场的。郑州机场记录显示:2010年至今,她共捡到人民币10676元、美元245元、新台币16000元、手提电脑5台、手机10部、银行卡若干张。

王中霞捡到东西,都按规定移交或上交,能直接见到失主,听到声"谢谢"的机会并不多。但王中霞依然很平静,她说,她能想象得到失主"失而复得"的快乐。

到现在,她一家三口人还挤在一个一室一厅的小房子里。让王中霞内疚的是,7岁儿子的全部玩具,除了一些玩坏了的小飞机、变形金刚、奥特曼外,连一个像样的都没有。到现在,她儿子还不知道肯德基是啥,连动物园都没去过。

当王中霞给儿子讲起清理机舱捡到财物并上交时,儿子天真地问妈妈"你咋不给我捡一个相机啊"?王中霞回答,虽然飞机上没有监控,但凭良心也要还给失主,"如果妈妈把你丢了,别人不还给妈妈可咋办啊?"

资料来源:《东方今报》,载李洪洋 张朝阳主编《平凡的良心》第57页,五洲传播出版社,2012

(十五)曹德旺:亿万富翁、大企业家,与不识字的结发妻子不离不弃

曹德旺(1946~)福建福清人,福耀玻璃创始人,中国玻璃大

王。1987年成立福耀玻璃有限公司,目前是中国最大的汽车玻璃制造厂商,世界第六大汽车玻璃生产商。2009年胡润百富榜第56名。曹德旺热衷慈善,从1983年第一次捐款至今,累计个人捐款已达50亿元。2009年,更是宣布将曹氏家族持有的70%股份用来成立慈善基金。2012年4月27日,曹德旺因在2011年捐赠价值35.49亿元等值股票,而蝉联中国慈善排行榜"首善"称号。

就是这样一位世界闻名的亿万富翁、大企业家,始终与自己的结发妻子不离不弃。如今流传一句话:"男人有钱就变坏",虽然显得有点绝对化,但也道出了确实存在的一个普遍社会现象。君不见那些有权的、有钱的人包了二奶包三奶,走马灯一样地换女人吗?在这样的社会环境下,曹德旺是如何做到死心塌地、无怨无悔,做到与不识字的结发妻不离不弃的呢?请看他的自述:

我现在的老婆就是结发夫妻,她没有读过书,叫陈凤英,人很好,几十年来,煮饭,帮我管小孩,连电话都不接,她觉得自己普通话讲不好,所以不接,怕人家会笑她,她穿的衣服鞋子都是我帮她买的,家里的东西也都是我买的,她不会买东西。但是,我这个家现在所有财产都记在她的名下,我的控股公司也是她在当董事长,都是她的,不是我的,人家说这个公司是曹德旺的,但实际上从法律关系上说是我太太的。我为什么要做这样的安排呢?这是因为在我还没有富起来的时候,我曾经对婚姻徘徊过。

我今年57岁了,从23岁结婚算到现在,也过了几十年,俗话说"百年修得同船渡,千年修得共枕席",意思是说要彼此珍惜,不要轻易去改变。这里的道理也是我后来慢慢悟到的。

我的老婆嫁给我的时候,还是一个少女,我们的结合完全是父母之命,媒妁之言。结婚前两个人连面都没有见过,仅仅看过一张很小的黑白照片,所以我们没有经历过谈恋爱的过程。那一年是1969年,我们非常穷,生活很苦,母亲又生病了,所以家里人就希望我先结婚,找个老婆照顾我母亲。我答应了,就是这样。

我们刚一结婚,我就把她的嫁妆全部卖掉了,她一句怨言也没有。她认为嫁给你了,你就说了算。她在家里伺候我生病的母亲,我在外面跑生意,在一起的时间很少,所以说我们是患难夫妻。

我卖掉她的嫁妆之后就有了一点钱,这些钱就是我做生意的最初本钱。然后我就开始种白木耳,再拿到江西去卖,来回一趟可以赚七八百元钱。没有想到,才跑到第四趟,货就被人家扣了,不但本钱赔了进去,还欠了村里人1000多元。当时很多人来向我要债,家里能卖的东西全都卖掉了。

这个时候生产队上又来人找我,他们说我跑去做生意,欠了做水库的义务工。

工地很远,我走之前,送我老婆去她的娘家。她一个女人带一个孩子,丈夫又不在身边,家里一贫如洗。所以我就对她说:"我现在一无所有,只余下一个人,如果实在不行,你可以再嫁人。"我丈母娘说:"你胡说八道,你这么聪明,困难一定会渡过的,你放心回去吧,你老婆孩子我给你带着。"

70年代末和80年代初,当时我们的生活已经有了很大好转。就在那个时候,我在福建明溪爱上了一个女人,是真正的相爱。她为了帮助我,给我做了很多事情,当时她很年轻,大约二十四五岁,已经结婚,我们都很投入,彼此觉得找到了一生的知音。当时我写信给我的太太,她不认识字,所以信是我妹妹读给她听的。后来等我回到家,她见了我也只是说:"我知道我配不上你,知道你是会走掉的,你要是真走了,那么把房子和三个孩子留下来给我。"我听了以后非常伤心,我觉得自己非常对不起我的太太。

我面临着一个选择。一面是我的结发妻子,她为我默默地奉献了这么多年,吃了那么多苦,纯朴善良,永远无条件地信任我;另一面是我的红颜知己,我们有刻骨铭心的感情,有共同语言。我真的很苦闷,不知道以后的路该怎样走。后来我就去做调查,去了解别人的生活。

我选了100对有代表性的夫妻,有工人,医生,干部,有做老师的,也有老板,我发现并不是我一个人对自己的家庭不满意,而是这100对夫妻中没有一对夫妻对自己的家庭是满意的。给我感触比较深的是福州水表厂的一个朋友,他和太太两个人,一个是科长,一个是团干部,郎才女貌,是谈了三年恋爱才结婚的,在我看来,他们应该幸福得不得了。没有想到,在我跟他们成了很好的朋友以后,有几次,喝酒聊天说深了,才知道他们双方都对家庭不太满意。

于是我开始思考,为什么会是这样?后来我想通了——两个人,来自不同的家庭,有着不同的教育,这样就会形成各自不同的观念,谈恋爱的时候,可能是求同存异,一旦真正生活到一起,就会有很多问题。幸福这东西讲起来都是大同小异的,就是有吃有喝,子孙满堂这些东西,可是如果往深层去想,世界上有绝对的幸福吗?没有,所以也不会有绝对幸福的家庭,绝对完美的婚姻,既然是这样,我认为我是不需要再去考虑什么换家庭的事情了,就是换一千个照样也没有用啊。

我和老婆结婚这么多年,很少刻意培养经营感情。一想到她嫁给我的时候是那样一个纯朴的少女,这么多年,无论什么样的事情发生,都始终如一地听从我的安排,我就觉得有义务要尽到自己的责任。我们虽然没有那些激情如火的海誓山盟,但是我们毕竟是从年轻到白发,中间所有的悲伤和快乐都是连在一起的,这是一种血脉相连的感情。

现在要我回首往事,我想假如我找的是一个很厉害的老婆,她肯定会管住我很多,我会很不自由,我很爱自由和事业,连打高尔夫球都喜欢一个人去打,所以从这个角度说,我的婚姻真是对我再好不过了。

我一生最大的转变在明溪,我在那里遇到了她,又在那里放弃了她,但是当时我在心里暗暗发誓,这辈子一定要为她争口气,让她的姐妹们说起她的时候,能够说她爱的是一个像样的人,一个值得爱的人。

这样我就回到家乡专心去办我的玻璃厂,也许因为有这种心情,因此我把所有的精力都贡献在这个事业上了。

现在社会上有一种流行的说法,叫"男人有钱就变坏,女人变坏就有钱",我觉得这不是绝对的,这是人的心地问题。

两个人素昧平生然后成为一家人,同在一个屋檐下,这是缘分,应该好好珍惜、和睦相处,有困难的时候同舟共济。我还有一个看法,就是男女之间还是要有真的感情,像我和我的妻子,虽然直到现在我们也很少有时间交流感情,可是她和我是患难夫妻,我们一起经过多少事情!这就是感情,一种始终如一的感情。

——根据《博客天下》2013年第二十六期和其他相关材料整理。

(十六)兰越峰:坚持医德底线,受尽迫害终无悔

四川绵阳市人民医院超声科前主任兰越峰2012年3月被医院剥夺工作权利,被宣布"待岗"。为了不给院方"旷工"从而被开除的口实,从此她每天穿着工作服在走廊的椅子上坐着看书。昔日同事对她避之唯恐不及,称她为"兰疯子"。

一个被医院公认为超声科能力最强、水平最高的医生,为何会"沦落"到这一步呢?

事情的起因在于,医院为了经济利益,常常违反诊疗规范对病人实施过度医疗:无病当有病,小病当大病,不该检查的做检查,不该住院的收住院,不该手术的被手术。甚至就是一个感冒,或者体检发现胆固醇结晶,就收住院,就切胆囊。因为这和医生的奖金、福利挂钩,是医院"创收"渠道,所以过度医疗风愈演愈烈。其他科室作出了决定,还要求超声科为其提供帮助,再给一个需要手术之类的结论,以便为过度医疗蒙上更合法的外衣。一开始,兰越峰为照顾同事关系,也为了保全自己,不情愿地迁就了其他科室不合理

的要求。这样的事情越来越多,她的良心开始感到严重的不安,对自身价值产生了怀疑,她觉得这已经严重背离了自己当初的职业理想,并且自己为了配合院方工作,多次开出违心的检查单更是令她备受煎熬。痛下决心之后,兰越峰找到了院领导反映问题。其实院领导早知道这类情况。院领导的反问是:"你吃啥?"兰的回答是:"我吃啥也不会吃患者的健康和幸福。"从此,她同院方的矛盾尖锐化、公开化。

兰越峰同医院的矛盾升级,主要是因为两个事件。

一是,2009年5月中旬,兰越峰在给一位53岁住院病人会诊时,发现临床医生已给这位下肢不舒服的病人开好了手术单。医生打算为其做两个手术:下肢血管手术及安装心脏起搏器。做超声检查不过是"补充"一下程序。但兰越峰发现该患者没有问题,更发现该患者来自汶川地震重灾区。兰越峰参与过汶川地震伤员抢救工作,对地震灾区人民所遭受的灾难和痛苦感同身受,深表同情。她通过检查认为这名患者根本不需要手术,感觉坑害人家良心上过不去。她说:"当时主要是觉得那个农民能在5·12地震中活下来,很不容易,不能再遭罪。他在我那个检查床上躺了一个小时,我都不知道该怎么办,我下不去笔。我如果签字同意他手术,我可能一辈子良心不得安宁,一个动物我都不会这样子对待它,何况他还是个人。"一阵纠结过后,她最终结论判定该患者没有问题,不需要手术,该患者出院。之后她把问题反映到医院领导处,医院领导对兰越峰的行为极为不满,院方显然站在临床科室一边。争执中,她与副院长以及"闻讯而来"的医教科科长发生肢体冲突,兰遭殴打,经法医鉴定兰越峰构成"轻微伤"。

事实上,兰越峰和临床科室和院领导的冲突,不是孤例。"过度医疗"是医院收入的重要构成。而兰越峰和她领导的超声科,一次次坏别人的事,成为医院发展的"绊脚石",这才招致院领导和其他科室的恼怒。在他们眼里,兰越峰是个不可理喻的人,是个不近人情的人,是个砸医院和别人饭碗的人,因此她成了众人眼中的另类、疯子。

另一件事是:2010年3月医院用地震善款购入的235万元彩超机到位,需要兰越峰签收。兰越峰发现该彩超机是仓库老款且有缺陷,2005年自己参与了考察,当时才仅卖160万元。到后来医院又让兰越峰签发票,一张空白发票。兰越峰又反映到医院领导那里,并拒绝在出库单上签字。她认为利用善款谋利已经突破了医德底线,不可容忍。于是她向区卫生局举报,上级部门调查后说不存在腐败问题;医院领导也理直气壮地表示,市场经济下设备买贵了很正常。

就这样,兰越峰与医院的关系越来越恶化,她被免去主任职务,医院组织全院人对她展开批斗,并写下汇总意见:"兰越峰砸医院的牌子,医院就砸她的饭碗。"迫于兰越峰不断上访,各处告状的压力,医院又给她安排了一个"医技办"主任的闲差,最后以收到病患投诉为由对兰越峰下了重处分,待岗。所谓待岗即不能工作,只能领1000多块的基本工资,但不能迟到早退,否则将被开除。于是兰越峰只得每天在医院走廊上班,就成了所谓的"疯子医生"、"走廊医生"。

兰越峰每天在走廊上就这样静坐,她昔日的同事每天无数次地在她眼前来回走过去,可是几乎没有人和她进行任何交流,甚至连眼神的交流都没有,很多同事路过的时候,会刻意的地把目光回避,兰越峰似乎和整个医院都处在一种微妙的僵持当中,而到今天这种僵持已经持续了500天了(截止2013年9月)。

据兰越峰介绍,在成为走廊医生之后,只有一个退休返聘的老护士长对她公开表示过同情,而两人在过去却并不熟悉,老护士长偶尔叫兰越峰到自己的护士站休息一下,兰越峰说,否则她连个喝水的地方都没有。以一个在走廊上孤独的白色身影和全医院对抗,兰越峰看似安静的外表下,她挣扎压抑的心灵已然一触即溃。

她所有的软弱和痛苦只能在家中发泄,而丈夫和兰越峰是同一个医院的医生,在多年来妻子和医院逐渐升级的对抗中,在倔强的妻子和所有其他同事微妙的眼光里,这位丈夫的内心也早已不堪重负。为了让他解脱,兰越峰主动提出和他离了婚,自己一人承担屈辱的压力。待岗后,兰越峰的收入只剩下了基本工资一千元左右。兰说,实际上我什么都没了,我的幸福,我的尊严,我的工资,什么都从零开始,我50岁,我知道我哪一天很可能是一个悲惨的结局,但是还是没想到是今天这个结局,今天的结局还是超出了我的想象,比想象的还糟糕,能够把一个高级知识分子、一个科主任弄成"疯子"的形象,是我没有预料到的。

在人生跌入最谷底的时候,兰越峰也曾想过自杀,但想到母亲和儿子,她放弃了自杀念头。她想,自己手中还有最后一件自救的武器,那就是手中的笔。从走廊里"下班"后的很多个夜晚,她都会来到图书馆,在灯光下写日记和博客。2013年夏,这位走廊里的"疯子医生",终于引起了媒体和全国网友的关注,而她自己的儿子和很多亲友是在兰越峰的名字见报后,才第一次了解了她的故事。儿子知道后说妈妈我为你自豪,你的路没有错;兰的同学说我们为你这样的朋友自豪,没有觉得丢人。网友们也跑到医院里声援她,为她买东西吃。兰为此感到欣慰,她对网友媒体,没把我当成疯子表示感激。兰说:"我觉得这就是人性,是道德底线,我不能够说我是很高尚的人,我不为高尚而生,我就是一个真实的人,我有很多缺点,但是它不影响我作为一个纯洁的医生,这一点我是当之无愧的,我就觉得,我就是一个纯洁的医生。"别人问她这个底线是什么,她说就是这三十年做的一切,就是对患者健康和生命的尊重。

对于别人给她的"疯子医生"的称号,她也觉得无所谓,她认为自己并非"另类",而是环境把她变成了"另类",如果"疯子医生"的称号能够把真相揭开,能够为消除医疗腐败尽一点力,她心甘情愿接受这一称号。

如今的兰越峰家庭、财产、尊严,其至健康都没有了,但她依然对自己的所作所为不后悔,因为她有她的底线。她说:"他们可以打败我的,就是摧毁我的一切,但是我的思想和精神还在,我的生命还在,没有把我的生命摧毁,没有把我的思想摧毁,我的底线仍然在。"

(根据凤凰卫视 2013 年 9 月 10 日"冷暖人生"《走廊里的"疯子"医生》摘编整理)

二、艺术作品中人

(一) 精卫：知其不可而为之，尽人事而后心安

"精卫填海"原文：

北二百里，曰发鸠之山，其上多柘木，有鸟焉，其状如乌，文首，白喙，赤足，名曰"精卫"，其鸣自詨。是炎帝之少女，名曰女娃。女娃游于东海，溺而不返，故为精卫，常衔西山之木石，以堙于东海。漳水出焉，东流注于河。

——《山海经·北山经》

译文：

再向北走二百里，有座山叫发鸠山，山上长了很多柘树。有一种鸟，它的形状像乌鸦，头部有花纹，白色的嘴，红色的脚，名叫精卫，它的叫声像在呼唤自己的名字。传说这种鸟是炎帝小女儿的化身，名叫女娃。有一次，女娃去东海游泳，被溺死了，再也没有回来，所以化为精卫鸟。经常口衔西山上的树枝和石块，用来填塞东海。浊漳河就发源于发鸠山，向东流去，注入黄河。

精卫填海，是中国著名的上古神话传说之一。基于不同的研究视角，人们把它归于不同的神话类型，如危机原型，图腾崇拜原型，死而复生原型，复仇原型，女性悲剧原型等等。根据划分类型不同，对其意蕴的解释也就不同。本书无意于对其作神话学的研

究,而只想从本书的主旨出发,试提出一种新的理解。

精卫,一只小鸟,何其小也;大海,茫茫无边,何其大也;一极小,一极大,反差极大。换句话说,精卫想填平大海的行为是极为可笑、极为荒诞的,其愿望是永远不可能实现的。如此明显的事实,精卫不可能不知道。但她全然不顾这一冷酷的现实,只是一心一意,心无旁骛地去做自己想做的事业,去完成自己的心愿。关于她的心愿即行为动机,历来解释为复仇。复仇固然是一种解释,但是,难道不可以有别的解释吗?笔者认为,完全可以。例如,精卫为了杜绝再发生类似自己这样的悲剧,即为了避免别人再被淹死,决心倾己微薄之力要把大海填平,为此不管付出多大努力,不管需要多长时间,全不考虑,无怨无悔。这是一种多么伟大、多么崇高的愿望啊!由己及人,舍己为人,女性的善良、慈悲情怀,全在这里了。这难道不是一种更合情合理、顺理成章的解释吗?!

明知不可为,但仍然执意而为之,原因者何?不为别的,为圆梦也,为心愿、为心安也。这里没有现实的、功利的考虑,不为任何现实的、功利的目的。从现实功利角度出发,人们可以尽情嘲笑精卫的天真、幼稚、无知、迂腐、愚昧,甚至愚蠢。但是换个角度,从审美、从文化、从精神、从灵魂角度看,利他——绝对无私的利他是人的一种灵魂吁求,一种精神需要。这种需求促使、支配、呼唤人们去行动,去努力,去奋斗,成败得失在所不计,只求慰藉自己的心灵——尽人事而后心安。这是一种多么坚强的意志,多么高贵的品质!

关于"精卫填海"及《山海经》的文化意蕴,文学评论家刘再复先生作过深刻的论述。他说:"《山海经》产生于天地草创之初,其英雄女娲、精卫、夸父、刑天等等,都极单纯,他们均是失败的英雄,但又是知其不可为而为之的英雄。他们天生不知功利、不知算计、不知功名利禄,只知探险、只知开天辟地、只知造福人类,他们是一些无私的、孤独的、建设性的英雄。他们代表着中华民族最原始的精神气质,他们的所作所为,说明中华民族有一个健康的童年,所做的大梦也是单纯的、美好的、健康的大梦。"(刘再复,《文学十八题》第191页,中信出版社,2011)

从文化,从心灵,从审美角度理解"精卫填海"及《山海经》等"荒诞不经"的神话故事,就可以理解历史上和现实中有那么多人所从事的伟大事业——虽然不可能达到任何现实的功利目的,但依然全身心投入,坚持不懈,乐此不疲;就可以理解他们"知其不可而为之"行为的深处,是"尽人事而后心安"。心安,高于现实功利,这是中华民族原典文化中最精华、最高贵的遗产。

最让人感动不已的是,填海的事业不是别人派给精卫的,而是她自己为自己设置的。她把为他人创造福祉定为自己的责任,这是不折不扣以天下为己任的担当。这与基督救世的情怀有什么区别?!

宽广的胸怀,伟大的精神!伟哉!中华文化!

(二)关羽:拒绝一切贿赂,坚持人格操守

关羽是《三国演义》着力塑造的英雄人物之一,也是最成功的人物形象之一,读者最喜欢的形象之一。关羽形象伟岸高大,除武功高强外,最主要是因其品格操守超迈绝伦,被称为《三国演义》之一绝(诸葛亮智绝,关羽义绝,曹操奸绝),赢得后世一代代读者大众人心,直至被拥上"关帝"、"关圣"、"武圣"的神坛。

关羽的品格操守主要体现在"忠""义"二字上,"忠""义"是封建伦理道德的核心,关羽在这方面表现得最为突出、最为典型、最有代表性,简直成为忠和义的标本与符号,所以才有如此高位,因而也对后世产生了深远的影响。

关羽的忠、义在作品中有多方面的表现,这里我们单说说他身在曹营多年而拒不降曹的故事吧!

刘备当年兵败徐州,下邳失守,关羽于万般无奈之下听从张辽

建议，与曹操约法三章后归降。曹操爱才心切，知关羽武艺高强，又有忠义之名，千方百计想拉拢他归心为自己所用。于是，自归顺之日起，曹操就对关羽实施心理"攻坚战"。首先在物质上厚待关羽及刘备夫人：班师回许昌的路上就开始多方关照，回许昌后三日一小宴，五日一大宴；上马赠金，下马赠银，绫锦及金银器皿一应俱全；又送美女十人，使侍关羽，关照纳送于两位嫂嫂；曹操见关羽所穿战袍已旧，度其身做新袍赐之，关羽将新袍穿于外而旧袍穿于内，以示不忘刘备旧恩。对此，曹操看在眼里，敬在心里，虽有不悦，但愈加敬佩。关羽知曹操用意，但感动之余，全然没有归心之意。怎么办？曹操的赠送（实际是贿赂）再加码，赠他千里赤兔马。这匹马来历非同小可，它原是吕布坐骑，有天下第一宝马之美誉。冷兵器时代，战场上拼杀，马的品质几乎与战将生命相关，甚至与战争胜败相关，曹操当然知道这一点，但是，"舍不得孩子打不得狼"，为了收买关羽的心，曹操一咬牙，豁出去了，曹操将其赠与了关羽。但关羽依然不动心。

在物质方面该送的都送了，连最最贵重的东西都拿出手了，仍然收买不了关羽的心，怎么办？想来想去，曹操把送礼或者说贿赂转向名利地位——男子汉大丈夫，没有不重视功名地位的。曹操利用自己的权势，奏请汉献帝封关羽为汉寿亭侯。在封建时代，平民出身之人奋斗终生能被封侯，功名地位已达于巅峰。要知道，诸葛亮对西蜀国建立了那么大的功勋，可以说没有诸葛亮就没有西蜀，但最终诸葛亮才被封为武乡侯。而关羽此时尚为刘备阵营一武将，对国家、对朝廷还没有什么功勋，竟能被封侯，很明显，全赖曹操所赐。这个人情实在是太大太大了，一般人二般人完全不可想象，不可企及。曹操以为这应该能打动关羽了吧，但关羽仍然没有从心上归顺曹操的表示。

关羽对曹操的用意心知肚明，他也不是没心没肺、无情无义之人，他对曹操的情义也确实感动甚至感恩，但他为什么没有顺遂曹操的心意，一心一意归顺呢？很明显，有更大的原因、更大的理由阻止他归顺。那就是，有忠、义二字悬于他的心上，这是更大更高的道德原则，更大更高的做人标准。那时代，忠臣不事二君，贞女不更二夫，就是最高的道德原则，关羽与刘备"桃园结义"，曾盟誓"不求同年同月同日生，只愿同年同月同日死——背义忘恩，天人共戮"。自明誓以来，兄弟三人（与张飞）一同出生入死，情义甚为坚固。关羽与刘备的关系，既是君臣，又是兄弟。从君臣礼仪说，他应该"忠"；从兄弟情义说，他应该"义"，无论曹操怎样厚待关羽，关羽都不曾动心。在他心里，曹操所给予的所有厚礼，所有情义，都不能和他应该对刘备的忠义相比。也就是说，在关羽心里，忠义至高无上，道德原则至高无上，为人的节操至高无上。所以，他宁肯战场上拼杀，换句话说，宁愿以生命为代价还曹操的情，也不愿拿原则做交易。

　　从本书的主旨评价关羽的所作所为，即关羽做人，重的是道义、操守、原则，换句话说重的是精神和灵魂，而不是物质，也不是功名地位。符合道义、操守、原则，心则安，否则心不安。关羽是为精神、为灵魂而活的人，这样的人是值得人们敬佩的。关羽的坚守让曹操的如意算盘落空，他对关羽又恼又敬，敬大于恼。所以当关羽打听到刘备的消息，即刻离开许昌时，部将以关羽无情无义为由拦截杀他，但曹操坚决阻止，放关羽而去，而且还送锦袍，送路资。曹操说："云长封金挂印（即把曹操所赠的全部还给他），财贿不以动其心，爵禄不以移其志，此等人吾深敬之。"（《三国演义》[上]第232页，人民文学出版社，1973）曹操对关羽的评价代表了作者的评价，也代表了读者的评价，代表了中华民族自古以来所崇尚的一种价值观。

　　关于关羽的话基本说完了，但临了还是忍不住发生联想。古人那么看重人格操守，看重心安，视金钱美女功名利禄如浮云，活得那么高贵，那么纯粹，而今天人世上怎么那么多人一见诱惑就投降,一见贿赂就失魂,怎么就那么没有节操没有人格?也许,这些人心里压根儿就没有人格、尊严、节操这些概念,从来就活在物欲、肉欲、功名欲、利禄欲之中,即还活在"欲"(生物本能)的层面,还没有"灵",尚不知"灵"为何物;还没有"心",因而无所谓心安与不安吧!

看来,人的灵魂或者说心的问题,并不随科技的进步而进步,并不随时代的发展而发展,"仓廪实"也不一定"知礼节","衣食足"也不一定"知荣辱",礼节、荣辱、人格、节操、尊严等问题属"灵",属"心",而"灵"和"心"的问题另有规律。

(三) 唐成:当官不与民做主,不如回家卖红薯

唐成是电影《七品芝麻官》(谢添导演,北京电影制片厂,1979年)的主人公,电影根据传统豫剧《唐知县审诰命》改编。故事梗概如下:

明嘉靖年间,一品诰命夫人严氏依仗在朝为相的哥哥严嵩的势力,纵容儿子程西牛在保定横行霸道,鱼肉乡民。自称二朝廷的程西牛意欲强娶民女林秀英,更狠毒地勒死其兄林秀生。此时,奉定国公徐千岁之命来保定暗访的副将杜士卿刚巧撞见程家强抢秀英的一幕,拔刀相助,格斗中,程氏管家程虎误杀了主子程西牛。杜士卿救了林秀英,并写下一张柬帖,嘱她去县衙告状。

杜士卿离保定回京。闻听儿子死讯的严氏万分恼怒,发誓杀尽林氏全家,率众家丁来到林家逞凶,亲手打死林秀英的父亲。清苑县知县唐成,为官清廉,他一上任,不拜上级,不拜土豪(严氏家),而是下乡查看民情,路遇林秀英拦轿喊冤。因案情重大,恰逢巡按在此地视察,唐成去按院禀报。诰命夫人接踵而至,颠倒黑白,大闹公堂,要求官员们捉杀林秀英为其子报仇。这时,林秀英也赶来告状,呈上杜士卿的柬帖。按院的官员们见双方各有后台,不敢审问,于是大官推小官,层层往下推,最后案子落到了唐成手

里,正中唐成下怀。

唐成决心为民作主,他在县衙内升堂审问,以确凿的人证物证,驳得诰命夫人理屈词穷。蛮横不可一世的诰命夫人终被唐成扣押,解赴京城复命。

影片上映后观众反响热烈,1981年获第四届电影百花奖最佳故事片奖。随着电影的广泛传播,七品芝麻官唐成的名字在中国老百姓中家喻户晓,他的名言"当官不与民做主,不如回家卖红薯"在中国老百姓中妇孺皆知。

《七品芝麻官》之所以成功,就因为塑造了唐成刚正不阿,敢于主持正义,敢于以卑微的官职向巨大的恶势力挑战的清官形象。这样的人物无论什么时候都是普通大众衷心爱戴的对象。

唐成出身平民,经科举获得做官的资格,原被派往河南信阳为五品官,但因拿不出贪官严嵩索贿的三千两银子,被降职河北清苑县做七品官。唐成深知民间疾苦,社会的不公,也深知官僚恶势力的横行霸道,决心做一名为民做主的清官、好官,表示"宁做清官脱鞋走,不做贪官落骂名"。上任之初,恰逢程严豪门杀人凶案,怎么审判,对他是个严峻考验。

严氏夫人因为有权相严嵩为后台,所以猖狂至极,目无法纪,公然咆哮公堂,把一个个大官吓得屁滚尿流,抱头鼠窜,把唐成推到了和权贵交锋的风口浪尖上。但严氏压根儿没把唐成放眼里,她一口一个"老娘",口口声声羞辱唐成"你官小职微露水大的前程,这里没有你说的话"。但唐成却成竹在胸,毫无畏惧,表示"小青蛙我要把长虫吸,小鸡娃我要斗斗恶老鹰","别看我官小芝麻大,荞麦皮我要挤出四两油"。在公堂上他机智幽默,大气凛然,终于战胜了不可一世的老诰命。

唐成的勇气源于他持守的官德,即官员的良心,官员的从政理念、人生信仰,那就是,做官要主持正义,要为民做主,否则就坏了良心,就失了操守,就不配为官,就不是好官。这种官德,即使在封建时代也体现了官场文化的正能量,也是历代流行的官场价值观。这是正派官员们的心灵归宿,心理支撑。能坚守这一点,心中就有力量,行为就有勇气,心里就踏实,就安宁,就有崇高感和成就感。否则就没有勇气,没有力量,没有心安。唐成的官德、良心,在他的名言"当官不与民做主,不如回家卖红薯"中得到了最朴素最集中的表现。

唐成奉行的官德,所坚守的道德信仰,至今也没有过时。如果官员们都能像唐成那样,官场风气就会得到一定程度的净化,社会的精神文明程度就会有一个明显的提升。

(四)贾宝玉:忏悔者的性格与心灵

说明:贾宝玉是《红楼梦》第一主角,关于他的评论,历来都是从社会政治角度,把他定为反封建的、叛逆的、体现了资本主义萌芽的典型人物。文学评论家刘再复先生认为"文学需要向内心世界挺进,需要表现灵魂的深";同样,他也从内心世界即灵魂的角度评论文学作品,包括评论贾宝玉。于是,在他笔下呈现出一个完全不同于传统观点的贾宝玉。本书节选其中一部分,欲知其详,请看他评《红楼梦》的系列著作及《罪与文学》相关章节。这里,笔者向刘再复先生表示感谢。

《红楼梦》是一部悟书。曹雪芹和他的人格化身贾宝玉的罪责承担意识,虽然在某些字面上也透露出来,但主要却不是通过直接言说,而是通过行为、情感、气氛等方式来加以表现的。因此,要说明贾宝玉的罪感,不可能求诸西方学者习惯使用的逻辑实证方法,而只能用感悟的方式。所谓感悟的方式就是直观把握的方式,曹雪芹写了一个直观领悟"悲凉之雾"的贾宝玉,我们也应该以感悟性的方式阅读这个贾宝玉。

贾宝玉确实能感他人之未感,集他人之悲剧于一身。这一点确实是特殊的。贾宝玉在感受到最大悲哀的时候,都是无言的,或者说表现出最大悲哀的不是语言形态,而是一种特殊的悲情形态,这种形态包括吐血、发呆、迷惘、病痛、丧魂失魄、出走等。当他在梦中听见秦可卿死的消息时,"连忙翻身爬起来,只觉心中似戳了一刀的不忍。哇的一声,直奔出一口血来"(《红楼梦》第十三回)。金钏儿投井死后,他又是无言地悲伤。书中写道:"宝玉素日虽是口角伶俐,只是此时一心总为金钏儿感伤,恨不得此时也身亡命殒,跟了金钏儿去。"他的父亲贾政训斥他,他还是发呆,"如今见了他父亲说这些话,究竟不曾听见,只是怔呵呵地站着"(《红楼梦》第三十三回)。晴雯被逐,对于他更是"第一等大事",晴雯死后他写了《芙蓉女儿诔》仍不足以割泄悲伤,最后终于病倒。第七十九回描写道:宝玉"睡梦之中犹唤晴雯,或魇魔惊怖,种种不宁。次日懒进饮食,身体作热。此皆近日抄检大观园、逐司棋、别迎春、悲晴雯等羞辱惊怖悲凄之所致,手寒外感,故酿成一疾,卧床不起"。第八十回后高鹗的续作大体上保持了贾宝玉的罪感形式。当"金玉良缘"的消息传开后,贾宝玉和林黛玉,一个"疯疯傻傻",一个"恍恍惚惚",贾宝玉只是"傻笑"(《红楼梦》第九十六回)。当他迎亲揭盖头后见到仿佛是宝钗时,便又"发了一回怔","呆呆地只管站着","两眼直视,半语全无"(《红楼梦》第九十七回)。而当林黛玉病亡后,他则更是发呆,"把从前的灵机都忘了",别人说他糊涂,他也不生气,只是"嘻嘻地笑"(《红楼梦》第九十九回)。到了得知鸳鸯死讯,他便"双眼直竖",直到袭人提醒他"你要哭就哭,别憋着去","宝玉死命地才哭出来了"。最后贾宝玉以"出走"的形式告别一切。这是巨大的行为语言。在世俗的眼里,贾府虽然不如当年繁华,但宝玉身边毕竟有娇妻美妾,而且还中了榜,日子可说是美满的。那么,为什么他还是整天感到不安不宁,感到有许多美丽的亡灵的眼睛看着他,就是因为他还有负疚感。他辜负了林黛玉,辜负了许多爱他的美丽而天真的女子。她们都死在他的父母府第里。他"不忍"看到她们的死亡与屈辱,觉得自己对她们的死亡负有责任。他的发呆发傻,眼睛发直,正是他的大迷惘,这种大迷惘,隐含着千言万语,像鲁迅这样的读者就读出眼神迷惘的内涵,读出"自愧"与"忏悔"的内涵。所以他必须出走,必须离开那个有罪的地方。但他并不责怪父母,仍然向父母作揖告别,悲喜交织,没有怨恨,他实际上也辜负了父母。他的悲剧重量确实是一切悲情的总和,其罪感正与这一总和相等。

笔者曾说,王国维从李煜的词中感悟到这个被俘君主的作品里有一种"释迦基督担荷人类罪恶之意",乃是《人间词语》的精神之核。王国维这一判断,并不是逻辑实证和语言实证的结果。王国维不是引述李后主的某首词或某一行为去证明这一判断,而是把握住李后主词的整体精神。我们判断贾宝玉具有担荷罪恶之意,也不是以贾宝玉的某句话和某项声明,而是从贾宝玉的整体精神状态与整体心灵状态把握的。没有一个人具有他那种特殊的大呆傻、大迷惘、大悲哀的状态,没有一个人像他那样,总是为一个女子个体生命的消失而身心震颤,也没有一个人像他那样,爱每一个人和宽恕每一人,只是不宽恕自己。曹雪芹在小说的前言中所说的"自愧",也正是表明不能宽恕自己。他的写作过程是投下全部生命、全部眼泪的过程,这种生命倾注,正是对感情之债的偿还。写作过程的本身,正是一个"还泪"过程,平衡负疚感的过程。

曹雪芹在小说中写了一个基督式的人物,他就是贾宝玉。他具有爱心、慈悲心,处处为别人担当耻辱与罪恶,这是一个未完成的基督,或者说,还只是一个尚在成道过程中的基督,但在他身上,已经初步形成基督的一些精神特征。在第七回中,贾宝玉初次见到秦钟,在秦钟面前,贾宝玉突然觉得自形污秽,产生一种强烈的自谴自责心理。此时的宝玉,尚处少年时代,但他有担当家庭乃至贵族社会的耻辱与罪恶的精神。这段心理自白,可作为理解宝玉精神的钥匙:

> 那宝玉自见了秦钟的人品出众,心中似有所失,早痴了半日,自己心中又起了呆意,乃自思道:"天下竟有这等人物!如今看来,我竟成了泥猪癞狗了。可恨我为什么生在这侯门公府之家,若也生在寒门薄宦之家,早得与他交结,也不枉生了一世。我虽如此比他尊贵,可知锦绣纱罗,也不过裹了我这根死木头;美酒羊羔,也不过填了我这粪窟泥沟。'富贵'二字,不料遭我荼毒了!"秦钟自见了宝玉形容出众,举止不凡,更兼金冠绣服,骄婢侈童,秦钟心中亦自思道:"果然这宝玉怨不得人溺爱他。"

贾宝玉在秦钟面前有"泥猪癞狗"、"粪窟泥沟"的感觉,在其他少女面前自然更有这种感觉。所以他才有"女子是水,男子是泥"的世界观。贾府鼎盛时骄奢淫逸,贵族们享受着人间的锦绣纱罗,对此,满门的公子少爷、夫人老爷个个都觉得理所当然,意满志得,都在自傲、自炫、自夸,只知享受,不知罪恶,只知奢侈,不知耻辱,唯独宝玉这个最干净的少年公子,感到不安,感到自己的丑陋,感到家族的龌龊,人间的荒唐。这种意识,是一种精神奇迹,带有神性的奇迹。贾宝玉这种感觉,正是老子所讲的"受国之垢"、"受国不祥"(承担国家的耻辱与罪恶)的大悲悯。从这里可以看到,贾宝玉在少年时代就背上承担耻辱与罪恶的十字架。这也是《红楼梦》所以会成为伟大忏悔录的精神基础。

贾宝玉的这段自我反思与曹雪芹在《红楼梦》开篇上的自白,其思想完全相通:

> 今风尘碌碌,一事无成,忽念及当日所有之女子,一一细考较去,觉其行止见识皆出于我之上。何我堂堂须眉,诚不若彼裙钗哉? 实愧则有余,悔又无益之大无可如何之日也! 当此,则自欲将已往所赖天恩祖德,锦衣纨袴之时,饫甘餍肥之日,背

父兄教育之恩,负师友规谈之德,以至今日一技无成、半生潦倒之罪,编述一集,以告天下人:我之罪固不免,然闺阁中本自历历有人,万不可因我之不肖,自护己短,一并使其泯灭也。

"闺阁中历历有人",这七个字,包括多少美丽的诗化生命,这些诗化生命与秦钟一样,像一面一面的镜子使贾宝玉看到自己的不肖,自己的丑陋。曹雪芹著写一部大书,正是通过他的自我谴责(对"我之罪"的承担)而让这些诗化生命继续生存于永恒的时间与空间之中,以免和自己的形骸同归于尽。中国最伟大的作家的"忽念",即在一个神秘的瞬间中的灵感爆发,使他重新发现罪,也重新发现美。没有对"我之罪"的感悟,没有对男子世界争名夺利之龌龊的感悟,不可能理解那些站在此一世界彼岸的诗意生命是何等干净。只有心悦诚服地感到自己处于浊泥世界之中的丑陋、罪恶,才能衷心赞美那些与浊泥世界拉开距离的另一些生命的无限诗意。忏悔意识、罪责承担意识之所以有益于文学,就在于作者一旦拥有这种意识,他就会又赢得一种"良心",一种"自愧",一种大真挚,一种对美的彻底感悟。

俞平伯先生虽然发现《红楼梦》的"忏悔",但归结为"情场忏悔"却显得狭窄。其实,《红楼梦》既不是现实伦理关系上的"悔过自新",也不是简单的情场忏悔,而是在对诗化生命的毁灭感到无限惋惜的同时又对自己无力救赎的衷心自责。《红楼梦》的作者及其人物化身与"闺阁中历历有人"的关系,与秦钟、蒋玉菡、柳湘莲这些诗化生命的关系,有真情在,但不能简单称作"情场",这是一种真正的诗化生命场,一种超越浊泥世界的童话场。福柯在《性史》中说西方人都是忏悔的动物,他们从中世纪开始的忏悔主题都是性真相的自白,卢梭的《忏悔录》也有此余绪。"五四"运动时期中国著名作家郁达夫的《沉沦》,也是性自白。忏悔文学被某些学者称作自白文学,就在于此。这种作品的长处是敢于撕下假面具,正视人性弱点，但它却把自白的勇敢本身视为写作的目的和策略，未能进入更高的精神境界。《红楼梦》的伟大之处，恰恰在于它并非性自白，也不仅是情场白白，而是展示一种未被世界充分发现、充分意识到的诗化生命的悲剧，或者说，是一曲诗意生命的挽歌，而这些诗化生命悲剧的总和又是由一个基督式的人物出于内心需求而真诚地承担着。于是，这种悲剧就超越现实的情场，而进入形而上的宇宙场，换句话说，就是超越现实的语境而进入生命宇宙的语境。王国维以《桃花扇》和《红楼梦》代表中国文学的两大境界，前者是国家、政治、历史之境，后者是宇宙、哲学、文学之境，曹雪芹的忏悔意识正是附丽在宇宙之境中。

——刘再复、林岗，《罪与文学》第195～200页，中信出版社，2011

（五）隋抱朴：为良心安宁无条件结束一切旧怨

隋抱朴是中国作家张炜长篇小说《古船》中的主人公。

在《古船》中，隋抱朴是一个具有原罪感的人物，这个人物在中国当代文学中几乎是绝无仅有的。隋抱朴的罪感产生于他的父辈。他的父亲隋迎之是一个垄断当地粉丝生产并把生意扩展到全国的资本家，但是，当事业走向高峰而拥有巨大产业的时候，他却在良知上发生了危机——他感到自己欠了债，必须偿还。这是关于剥削之罪的模糊自觉。于是，他把自己很大的一部产业还给了社会，以求得良心上的安宁。因为他的这种行为，土地改革时他被认为是"开明绅士"。但是，这并不能使他避免类似其他资本家的厄运，他的财产被剥夺，他自己忧郁而死，他的续妻茴子被凌辱而自尽。隋抱朴目睹家道的毁灭和继母死亡的惨象，按常理，他该产生仇恨，该进行报复，但是，他没有恨，没有任何报复之心，他没有继承父亲的任何遗产，却继承了父亲的罪感。日夜缠着他的灵魂的还是父亲开始盘算的那一笔数不清的帐。这笔账，是他祖辈开始欠下的——当父亲把算盘打得啪啪响的时候，抱朴有一次问父亲算什么？父亲回答："我们欠大家的。"全镇最富有的人家居然欠别人的债，抱朴怎么也不信。他问到底欠谁的？欠多少？做儿子的质问起父亲来。父亲回答："里里外外，所有的穷人，我们从老辈儿就开始拖欠……"隋迎之的欠债感即负罪感，传给了隋抱朴。这种负罪感深深地扎进他的心，使他日日夜夜地牵挂着："夜晚显得漫长而乏味了。睡不着，就算那笔账。他有时想着父亲——也许两辈人算的是一笔账，父亲没有算完，儿子再接上。这有点儿像河边的老磨，一代一代地旋转下来，磨沟秃了，就请磨匠重新凿好，接上去旋转……"这种负罪感使他的心灵非常痛苦和沉重："他继续算那笔账。密密的数码日夜咬着他，像水蛭一样吸附在他的皮肤上。他从屋里走到屋外，走到粉丝房或'洼狸大商店'中，他们都悬挂在他的身上，令人发痒地吮着。"

沉重的负疚感使隋抱朴产生了一种良知责任和道义责任：他应当做好事，为他的故乡洼狸镇做好事。于是，他用他的技术和毅力一次又一次地拯救了粉丝厂，每一次拯救都使他的身躯濒临崩溃，但却使他从心底感到一种轻松，在精神上获得一次解脱，因为压在他灵魂上的那笔重债已减轻了一分。他和他的弟弟隋见素的冲突，首先也是在这一点上发生的：弟弟隋见素没有任何负罪感，他只感到赵家和别人欠了隋家的债，他要报复，他要索债，他要重新占有一切失去的东西。为了这一点，他不择手段地和赵多多争夺粉丝厂，最后甚至不惜制造和诱使制造"倒缸"事件。当他实现了对赵多多的报复（"倒缸"成功）而欢喜若狂时，隋抱朴则为他而悲伤，而愤怒，而深深地感到良心上的不安，并为此加重了自己的罪感。他对自我辩解的见素说："可是我已经把这笔账记在老隋家身上了——我老想这是老隋家人犯下的一个罪过，太对不起洼狸镇。"隋抱朴承受一切罪责，包括父辈和兄弟辈的罪责，把旧账新债完全记在自己的良知簿上。隋抱朴就是这样一个耶稣式的灵魂，一个背负沉重的十字架在人生的磨盘里日夜劳碌的人,一个不是罪人的罪人。

《古船》由于塑造了这样一个主人公,这样一个充满原罪感的灵魂,使得作品弥漫着很浓的悲剧气氛和忏悔情调,这种罪感文学作品的出现,在西方不算奇特,但在我国,则不能不说是一种罕见的文学现象。

被罪感紧锁的隋抱朴,时时寻找着灵魂解脱的道路,他首先找到的是一条托尔斯泰式的"勿报复"、"勿以恶抗恶"的道路——宽恕一切、了结一切旧账的道路。如前边的文字所说,托尔斯泰的思想产生了一次"突变",他决定以心灵净化和深刻忏悔来拯救自己的灵魂。隋抱朴是一个不自觉的托尔斯泰论者,但却是一个更加伦理化的中国托尔斯泰论者。他显然在磨房里"缩拢身体"以拯救自己的灵魂。他的心灵救治法就是无条件地结束过去的一切旧怨,停止互相杀戮。他自己忘掉隋家的仇恨,也希望弟弟忘掉仇恨(他对见素隐瞒了生身之母茴子被杀凌辱的事实),他决不允许自己的兄弟去进行报复。他对隋见素说:

"镇上人就是这么撕来撕去,血流成河。你让我告诉你过去的事,我还是不能。我没有那样的胆量,我说过我害怕你。你有胆量,我不想有和你一模一样的胆量。如果别人来撕我,我用拳头挡开他也就够了。如果坏人向好人伸出爪子,我能用拳头保护好人也就够了,……我最怕的就是撕咬别人的人……我害怕回想那样的日子,我害怕苦难!"

他对苦难充满着恐惧,竭力想使自己和自己的故乡摆脱苦难。他是一个博爱主义者。尽管他也有仇恨,但(正如他自己所说的)他不是恨哪一个人,而是恨整个的苦难,恨残忍。在他看来,要摆脱苦难,只有让残忍的互相厮杀在某一时代中停止下来,在某一代人中停止报复,如果不是这样,如果别人来撕我时,我也用爪子去撕别人,"这样拼抢,洼狸镇就摆脱不了苦难,就有没完没了的怨恨"。以厮杀对付厮杀,就会产生一种"没完没了的怨恨",这是一种万劫不复的恶性循环,一种万劫不复的苦难循环。

隋抱朴这种托尔斯泰意识,也许只是一种模糊的自觉,也许已经十分自觉。但我们不应当简单地把张炜视为甘地主义者和托尔斯泰主义者。重要的是,张炜是在我国20世纪80年代的特定历史时期提出问题的。这个问题实质上是,经过一百年的大动荡、大斗争之后,我们应当怎样对待过去发生在自己土地上的历史,一百年的历史,甚至是几千年的历史。对待自己的历史,是用一种"追究罪责"的思维方式,还是用一种"同情和理解"和"共负罪责"的方式?而对于未来的道路,是了结旧债的方式,还是"变本加厉"的方式?这是必须认真思考的。《古船》的作者通过作品表明,应当用后一种方式。追究责任,首先审判别人,审判敌人,这未必是没有道理的,但是,在完成对别人的历史审判之后,自己却往往又开始积累着被别人审判的罪证。作者相信任何播送恶果的人终究要自食恶果。隋抱朴的弟弟隋见素与他的哥哥选择不同的路——报复的路,但是,他和被报复者赵多多同归于尽,犯了"绝症"。这是具有固定意义的绝症,又是具有象征意义的绝症。这种精神绝症就是在疯狂地撕毁别人之后不可救药地自身陷入病狂,最终撕毁了自己。隋见素的对立面赵多多也是如此。他不断地作恶,给予报应的是不断地受到外界的强刺激,终于,他在刺激中神经崩裂,也撕毁了自己。《古船》中一个写得很有特色的人物赵炳,也是如此。他是一个"变质"了的共产党员,但是,他却不是一个人性简单的"坏人"。他在两个妻子去世之后,听信医生的告诫,不愿意再结婚再造成死亡,而当他占有隋含章之后,就意识到自己的罪恶,罪感也时时笼罩着他的灵魂。他是一个占有天使而同时被魔鬼所占有的人,因此,他时时等待着隋含章的报复("我在等待那个结果"是他的口头禅)。当最后隋含章的报复降临于他的面前时,他接受这种报复。当含章的剪刀刺进他的肚腹时,他出乎意料地对含章说:

"我对老隋家做得——太过了。我该当是这个……结果。"《古船》的这段描写,可称为神来之笔。这种结局,加重了作品的罪感,并表明作者相信世间有着一种极其神秘的"因果链",这种链条神秘地捆住每一个人的命运。作者展示这些血的结果和血的悲剧,正是为了摆脱这条可怕的因果链的捆绑,为了让人们能了结那些永远数不清、永远还不清的旧账。是的,与其数不清,还不完,还不如放弃一切逼债与索债,放弃对历史罪责的追究。互相宽容,各自重新开始,各自还债,各自责备自己,各自以同情和理解的眼光对待过去发生的一切,共同努力展示一种新的生活,安宁的、和平的、没有苦难的新生活。

——录自刘再复、林岗:《罪与文学》第69~73页,中信出版社,2011

(六)《咱爸咱妈》中乔家人:亲情重如山

观看电视剧《咱爸咱妈》,始终被剧中浓烈如醇酒的亲情感染着、温暖着、震撼着。观众一边看电视,一边被其中的亲情感动得掉泪,心潮起伏,感慨万千,心灵受到撞击的同时得到净化,得到提升,在如何对待亲情问题上有了明确的榜样。

亲情,亲子之情,即父母与儿女间的感情,是双方的、互动的,一边是父母对子女的慈爱,一边是子女对父母的孝顺。这种双方互动的亲情在《咱爸咱妈》这部剧中被表现得淋漓尽致,堪称楷模。

故事中的乔家,父亲乔贵义是一家小工厂的工人,母亲是普通的家庭妇女,他们养育了四个儿女,赡养着年迈的老母亲。那年代工资低,生活极为艰难,为了把四个孩子培养成人,夫妻俩含辛茹苦,饱经磨难。为了多挣一点加班费,老父亲长年累月的加班累垮了身体。他们舍不得吃舍不得穿,宁肯苦自己也不肯苦孩子。剧中儿女们相聚时,每每以大量细节深情地回忆起父母在那艰难的岁月对他们每个人的关爱,沉浸在无比的幸福和感激之中。

父母对子女不但在生活上关爱,而且言传身教,教他们如何做人。父母一生坚强乐观,耿直做人,严于律己,宽以待人。那年月家家都穷,厂里一些工人少不了小偷小摸些厂里的东西拿出去卖钱,但乔父却一次都不这样做。上级来检查,谁都查了但不查他,工友们说老乔刀架脖子上也不会干这种事。父母无论如何艰难也要供四个子女上学,子女也个个争气,一个个都成了才。老大乔家伟在科研单位工作,因有重大贡献获重奖。二儿子家男在一所师范院校当教师。大女儿博士毕业,准备到英国继续深造读博士后。小女儿正在读大学,已经在刊物上发表作品。父母的付出终于在子女身上结出了优异的硕果,这让两位老人十分欣慰。

电视剧开头,乔父得了重病,他不想给儿女增加负担在家忍着,在儿女再三催促下不得不到省城去看病。检查结果是肺癌,只得住院动手术。住院需要有人陪护,动手术治疗需要花钱,老人坚持不用儿女们的钱,要自己拿,但他带的钱远远不够,只好用儿女的钱,他表示你们先把账记住,将来自己有了再还上。大儿子家伟手里钱少,没办法只好到单位里借,不好意思再借时把女儿心爱的钢琴卖掉,结果和不理解他的妻子闹翻,妻子一怒之下回了娘家。家伟对父亲的孝心、对兄弟姐妹的呵护让妻子不能接受,最后选择离婚。家伟曾向母亲表示,虽然手里不宽绰,但就是头拱地也要把父亲的病治好。

二儿子家男白天要上班,晚上给父亲当陪护。实习护士把父亲扎疼了,家男找护士长要求找技术高的给父亲扎,实习护士需要练习时可以在自己身上练。父亲想吃白肉血肠,他骑着车满世界地找。为了给手术后的父亲买补品,他天不亮就从城南骑车到城北排队买火车票再转手加价卖出去(俗称倒票),这种行为违反了法规,结果被派出所拘留罚款。家男妻子怀孕了,他主张到医院做掉,理由是父亲正住院需要钱,等父亲病好了再要孩子。

大女儿佳丽正在撰写博士论文,一次次给父亲输血(只有她的血型与父亲相合），导致身体十分虚弱，就在这种情况下她也舍不得买营养品补身体。小女儿佳冰为了不给家里增加负担，立志自食其力，自己找了多份家教，把自己搞得狼狈不堪。她的作品挣了点小钱，她立马买了营养品给父亲送去。因为住院费用完医院为父亲停了用药，她急得不顾礼貌闯进医院会议室押上自己的学生证和长命锁要求为父亲立马用药，她的行为虽然鲁莽但其情可感。

　　被儿女无微不至的照顾，让儿女劳累不堪而且花了那么多的钱，老父亲心中甚为不安。他一次次地表示要出院回家治疗，甚至不辞而别来到火车站买票要走。更有甚者，老父亲不忍拖累大家，竟至偷偷爬上楼顶要上吊自杀。

　　总之，一家人包括老母亲全都围着父亲团团转，病中的父亲得到了无微不至的照顾，让他在人生最困难的时候感受到了人间最纯洁最浓烈的亲情的呵护。儿女们孝心尽到了最大，老人对儿女的心疼慈爱也表现到了最大。双方都把自己的爱心表现到了极致，双方都没有遗憾，实实在在的做到了"生者无悔，死者无怨，回首无憾"，乔家父母和儿女共同谱写出一曲感人肺腑的人间亲情的颂歌。

　　乔家人为什么能做到这一步？不因为别的，就因为每个人都有一颗对亲人朴实、自然、纯粹的心。在剧中我们看到，乔家父母和儿女在为对方尽心的时候，没有任何人感到勉强，感到是沉重的负担而自己必须去承担。而是，双方在为对方付出自己的爱心的时候，甚至没有想到这是自己应尽的"责任"，而是平平常常、自自然然地做了。换句话说，"责任"已经内化为他们的道德无意识了。意识到是"责任"，必须完成"责任"，这是理性的自觉，是社会道德的约束——能做到这一步已经很不错了。但乔家亲子之间似乎没有人有这样的"责任意识"，他们有的是自发的、来自天然的、纯朴的感情，他们似乎觉得天然的就应该这样。因此他们在为对方付出自己的爱和情的时候没有丝毫的勉强，没有丝毫的为难，没有丝毫的犹豫,他们自觉自愿地负担了这份"负担",他们对辛苦和劳累毫无怨言,对金钱的付出毫不计较。他们百分之百做到了自己认为应该做的一切,尽最大努力而后感到心安,感到快乐,感到幸福;否则他们就心不安,不快乐,就会谴责自己一辈子。

这是一种什么样的境界啊! 然而这里又没有丝毫的高调和张扬,有的只是单纯、质朴、亲切、自然。这就是中国普通老百姓对待亲情的"平常心"! 什么叫伟大?"伟大"一词听起来总是让人感到距我们十分遥远,空洞而摸不着边际,然而看了《咱爸咱妈》对"伟大"的观念或许就会有所改变。其实伟大不是空洞的口号,而是实实在在的做为;伟大不都在惊天动地的英雄伟业中,也在平平凡凡的小事中,在普普通通的老百姓的日常行为中。

乔家亲子之间演绎出的质朴而伟大的亲情,继承了中华民族的传统美德。可惜的是,这种美德在当下社会里的一些人身上已经丧失得差不多了。改革开放后,经济发展了,人们的生活富裕了,然而人与人之间包括亲子之间的感情却淡漠了,人们的道德意识下滑了。社会领域中人们两眼紧盯的是经济,生活中人们一门心思想的只是钱,为了享受物质的富足,什么良心、道德全不顾了,假冒伪劣盛行了,坑蒙拐骗不羞了,笑贫不笑娼了。世风传染到家庭生活中,尊老爱幼的传统忘却了,有人开始拒绝甚至是虐待老人了。打开法制类报纸看看,听听央视的法制栏目《道德观察》和《今日说法》,不赡养老人、虐待老人的案例比比皆是,许多案例中犯罪人的行为骇人听闻,令人发指,直让人痛骂禽兽不如。

诸如此类不赡养老人、虐待老人的事件屡屡发生,已经不是个别人的道德品质问题,而是已经成为一个严重的社会问题。要改变这种现状,需要法律、制度、社会管理等多方面的综合努力,而文艺作品大力宣传尊老爱幼的正面典型,让这类典型深入人心,也是其中一个有效途径。以《咱爸咱妈》为代表的一批弘扬优秀传统美德作品的出现,就是这方面努力的一部分。我们希望有更多更好的这类文艺作品出现,希望这类作品在更大范围里得到传播,使它们更加深入人心,成为宣传和普及传统美德的好教材。

当然,我们不可能指望人人都变成乔家伟兄弟姐妹们,但是,虽不能至,心向往之,有乔家伟兄弟姐妹的榜样在眼前,自己就知道该怎么做,如果做不到时自己心里会有愧意。这就行了,这就是潜移默化的力量了。这就是好的文艺作品对社会的意义。有句话说榜样的力量是无穷的,《咱爸咱妈》的意义就在这里。

(七)周晋:千万别做亏心事

电视连续剧《我的青春谁做主》中的周晋,年纪轻轻就已经坐上京城昭华房地产公司总经理的宝座,事业辉煌,腰缠万贯,而且一表人才,文质彬彬,气质优雅,举止潇洒,简直可以说是十全十美的钻石王老五。然而,谁能知道,在光鲜亮丽的外表之下,他却生活于阴暗沉重的灵魂折磨之中,苦不堪言,难以解脱。

事情起因于十年前。十年前他刚刚高中毕业被清华大学录取,正是福星高照春风得意的时候。但突然一道黑光射入他的生活。他中学时的恋人郁欢母亲病重需要一笔钱治疗,但家穷凑不出来。这时候,生意人麦冬也喜欢郁欢,听说之后愿意拿钱帮助郁欢。郁欢心里装着周晋,对麦冬的钱接还是不接犹豫不决。周晋躲在曲巷看到这一切非常愤怒,劝郁欢把钱退掉,郁欢深爱周晋而又不得不面临严峻的现实,她劝周晋理解她的困境放弃自己。周年轻气盛,一怒之下猛然甩开抱着他的郁欢,郁欢脚步失控跌落水中。周吓得目瞪口呆,就在此时有人喊叫救人,周害怕被人误会是有意把人推下水而飞快逃窜。郁欢被救上岸没有死亡但成了植物人,麦冬蒙冤被判十二年进了监狱。而原本该为郁欢之"死"负责的周晋却逍遥法外上完大学进入商界,成为令人羡慕的所谓成功人士。

事情已过去十年。十年间没人知道真相,知道真相的郁欢

"死"了,而猜到真相的麦冬入了狱,对周晋来说危险已不存在,他可以高枕无忧地去享受他的成功所带给他的快乐。然而,人不知,他自己知;法律不罚,他自己罚。因为他良知良心尚在,本质上他是个好人,所以从此他堕入万劫不复的灵魂地狱,开始了永无休止的自我谴责、自我忏悔、自我赎罪的炼狱过程。

为了减轻良心不安的重压,他尽其所能做了他该做应做的事。十年来,他承担了植物人郁欢在医院的所有疗养费用,隔一段时间,他还抽空亲自去照顾郁欢,照顾得无微不至,为此感动了医院所有的人。后来郁欢双肾衰竭,随时都可能真正死亡,抢救还是不抢救,医生说抢救的希望不大。按说,周晋解脱的机会到了,他完全可以放弃抢救,但是,灵魂的拷问让他选择了坚持,他表态说只要还有一分希望就要尽十分的努力。最后实在回天无力,郁欢逝去,他才得以解脱。他承认,十年来让郁欢这样活着,与其说是为她,不如说是为自己。如今,周的女朋友赵青楚对周说,你尽力了,问心无愧了,我相信郁欢也希望你快乐。真的吗?很难说!青楚可以乐观但周晋却不能,他不敢确定十年发生的一切会不会随着郁欢的死一起离去,因为,他埋藏在内心的阴霾还没散去。

对于代他受刑的麦冬,周晋当然是有愧、有亏于他的。十年前,他就应该主动站出来承认是自己的过失导致了这一切,麦冬是清白的。但由于自私,由于人性的怯懦,他选择了沉默。麦冬无辜蒙冤当然无比愤懑,所以入狱后念念不忘向上申诉,要求重审,要求把真凶周晋提拿归案,但因为找不到确凿证据无法实现自己的愿望。对此,周晋心中很复杂,他知道麦冬无罪,但又害怕麦冬申诉成功,所以有关案情的每一步发展他都极为敏感极为关心,总是四处打听。他提心吊胆,战战兢兢,一天也过不踏实,唯恐自己的罪行被暴露。

后来,麦冬提前出狱,因为蒙冤受辱心里极不平衡,出狱后混入昭华公司试图寻机报复。周晋发现后处处提防,当他设计抓到麦冬害他的确凿证据后,他没打算报警,而是和麦冬私下达成和解,试图通过这种办法化解麦冬对他的仇恨。阴错阳差,周的努力化为泡影。由于误会,麦冬对周晋更加仇恨,竟以绑架周女友的极端手段逼周去公安局自首,被逼无奈的周绑架麦冬女友作为回应。双方交换人质,本来各自放了对方就算摆平,但麦冬的仇恨仍然没有发泄,最后不顾一切又给了周晋致命一刀。这样一来,麦冬报了仇,泄了恨,但惩罚的主动权又转给了周晋。他可以以绑架和杀人未遂罪告发麦冬,但周晋采取了息事宁人的态度,他隐忍了,硬生生咽下了这口气。他这样做的目的很明显,他要以自己受伤害换取麦冬的心理平衡,或者说是以接受麦冬的惩罚来还麦冬的人情债,来赎自己的罪过。

在女朋友青楚阳光性格的感染下,周晋终于决定放弃眼下已经获得的让世人羡慕的一切,决心彻底摆脱心理阴影的折磨而毅然决然到公安局自首,彻底坦白了十年前的所作所为,要求承担本该由自己承担的责任,情愿接受法律的制裁。从自首之日起,周晋交出身体自由,换来了灵魂的安宁,十年心结一朝释怀,强大的解脱感足以令他忽略环境的恶劣,尽情享受前所未有的轻松。

因为没有证据,司法本着重证据、轻口供、疑罪从无的原则,周晋被释放了,他又获得自由了。这是社会还给他的自由,他心中的阴霾应该驱散了吧?!道理上是这样,但因为他的释放,本应该受到惩罚的他却没有受到惩罚,而且,由于他的无罪释放,麦冬也无法获得国家赔偿,等于白白坐了十年监牢。这对于麦冬来说还是一个不公平。对于这一点,周晋心里是清楚的。为了让麦冬达到彻底的心理平衡,走出看守所后的第二天,周晋和青楚来到麦冬家,周双膝跪倒在麦冬脚下:"对不起,我没料到是这种结果,因为我的不被起诉,导致你不能翻案,没法获得赔偿、洗刷清白,对不起!"国家赔不了的周晋赔,他向麦冬献上几十万元的存折,并解释自己不是用钱买原谅,而是为了自己心里的安宁:"如果你们不收,我心里一刻也得不到安宁"。麦冬从容走到周晋面前接过存折,心平气和地说:"到今天为止,咱俩两清了,谁也不欠谁。"至此,周晋才如释重负,泪如雨下,被囚禁在灰暗里长达十年的心灵终于重见天日。

回顾周晋麦冬恩怨纠葛和周晋犯罪赎罪的全过程,让人感慨万千,心受触动。这一经典案例让我们看到人际关系直至人的灵魂深处分明存在着一个微妙的,简直可以说是神秘的平衡器:你欠了人家,终究要还;而且要还就要还彻底,否则还是一个不平衡。这个平衡器特别敏感,哪怕有一点点不平衡,就可能会导致意想不到的事端,还是没有安宁。人心、人性天生是要追求平衡的,平衡与安宁如影随形、相伴相生,所以要追求心灵的安宁,就必须达到人际关系尤其是心灵的平衡。

周晋的经历告诉我们,做人,千万别做亏心事,亏心事压死人,一旦做了就心无宁日,这时候,受惩罚的是自己而不是别人,惩罚者也是自己而不是别人。除非你已经丧尽天良,"我是流氓我怕谁"。不但不能做亏心事,连程度轻的对不起人的事也别做,做了也造成心理的失衡——对方也失衡,你心里也失衡,彼此都不安宁。如果万一不慎做了,那就赶紧千方百计去弥补,主动去认错,去赔不是,还对方一个安宁和自己一个安宁。这样做了,对自己好对别人也好,怕就怕放不下架子,丢不起面子,于是让心理阴影永远压住而痛苦不堪。古人说知耻近乎勇,就是鼓励做错了事的人勇于承认错误改正错误的。作为现代人,更应该把古人的话刻在心里,过一种永远阳光的生活,还人间一种永远的和谐。

(1) 陈廷敬:为官一生,持守公心

陈廷敬是作家王跃文在长篇历史小说《大清相国》(人民文学出版社,2012)中所倾力塑造的核心人物。陈廷敬历任康熙帝师,官居正一品光禄大夫、经筵讲官、吏户刑工四部尚书、都察院掌院事、左都御史,至文渊阁大学士、《康熙字典》总修官等职,最后老死相位。他驰骋官场五十年平稳致仕,归于林泉仍被召回入阁视事。晚年时,康熙皇帝称赞他"卿为耆旧,可称完人"(小说中改为"宽大老成,几近完人")。

众所周知,康熙帝为中国历史上比较少见的有为皇帝,在他执政期间名臣辈出,官场关系纵横复杂,几乎没有人能独善其身,为何独独陈廷敬为官能善始善终,成为不折不扣的政坛"不倒翁"?对此,作家经过对人物生平的详尽研究,将其为官之道总结为"等、忍、稳、狠、隐"五个字。

但是,同样是这五个字,也可以是政坛阴谋家的秘诀,为什么到了陈廷敬这里就成了为官经验或曰生存智慧了呢?综观全书,发现原因无它,皆因他这五个字后面(或下面)蕴含一个"正"字。也就是说,陈廷敬的五字诀之所以与阴谋家的手段相区别,就在于他的所作所为统统立在一个"正"字上。这个"正"字就像一连串数字"0"前的那个"1",有了这个"1",后面所有的"0"都有价值,否则就全无意义。换句话说,为官之德在于正——"正"是官德的核心。

官德之正,根本标志是凡事出以公心,不谋私利。公心,是好官的精髓,好官的灵魂,好官的生命。公心,说起来容易做起来难;持守一时一事容易,持守终生难。然而,小说中的陈廷敬,却终生持正守正,实在是难上加难,但是他却坚持做到了。这是他终获皇帝欣赏、同僚钦佩以及后人敬仰的原因所在。正所谓"水至平而邪者取法,镜至明而言丑者无怨,水镜之所以能穷物而无怨者,以其无私也"。(《三国志·李严传》裴松之注引习凿齿语)

陈廷敬为官之正贯穿于一生的从政经历中,概而言之,主要表现于以下几个方面。

首先是道义正。陈廷敬作为封建时代的官吏,其从政动机,远远超越了"千里去做官,为的吃和穿"的低层次。他是个政治上有理想、有信仰的人。他的理想和信仰从他对明朝遗老傅山的规劝中可以看出来。傅山以清朝"非我族类"而拒绝出仕,但陈认为:

"天下者,天下人之天下也!种族不分胡汉,戴天载地,共承日月,不分你我。只要当朝者行天道,顺人心,造福苍生,天下人就理应臣服。"(《大清相国》第75页)他认为"当今皇上,宽大仁慈,礼遇天下读书人,效法古贤王之治",因而应当出山贡献自己的才学。由此可以看出,支配陈从政的理念是天道,人心,苍生;他向往的政治理想是"贤王之治"。

陈的思想体现了封建时代儒家所提倡的"道统"理念——"有道则仕,无道则隐","达则兼济天下,穷则独善其身",读书人应当建功立业,以天下为己任。上述理念,可以说体现了封建时代政治哲学中的所有正能量,是那时代所有好官的精神支柱,也是陈廷敬的精神支柱。政治信念的精神能量是强大的,陈廷敬在复杂的政治风云中三起三落,面对恶势力虽然感到压力沉重,也有保身和退隐之思,但终不退缩,就因为他有那时代崇高的政治信念。信念决定其坚定的政治立场,激发其超人的政治勇气;信念让他在大是大非面前敢于负责,敢于担当。

其次是修为正。陈廷敬乃康熙帝重臣,屡任朝廷要职,近五十年一直在皇帝左右。常言道,高处不胜寒,伴君如伴虎,所以皇帝近臣的生存策略一般不外乎装愚守拙,察言观色,以固恩宠。但小说中的陈廷敬却与此相反。我们看到他在许多问题,尤其关乎国家安危、百姓祸福问题上,敢于坚持己见,甚至不惜"逆龙鳞犯天威",直言相谏。

如,巡府富伦奏报山东丰收,百姓感谢朝廷赈灾之恩,自愿把收成的十分之一捐给朝廷。众大臣看准这是一个拍马屁的好机会,起哄撺掇皇帝恩准此事。皇帝当然无比高兴,兴头之上当即批准。事已至此,精明之人即使有意见也只好随声附和了。但陈廷敬出面反对。他凭经验和人情判断此事有诈,指出山东幅员广大,不可能都丰收;即使丰收也不可能所有百姓都自愿;他认为底下奏上来的事情,凡说百姓自愿的,总有些可疑。陈的据理力争伤了皇帝的尊严，让众大臣灰头土脸面子扫地。意气之下皇帝当即命令他去亲自察访以定虚实。陈廷敬知道这是一个相当棘手的差事，因为富伦是皇帝奶妈的儿子，又是皇帝幼时读书的伙伴，与皇帝情同手足，查实了既得罪富伦又得罪皇帝，说不定自己的身家性命就会面临险境。面对如此艰难的利害关系，陈廷敬没有退缩，而是毅然挑起重担，终于以成熟的政治智慧化解了困局，为山东百姓谋了福利。

朝廷里精明人多多，为什么只有陈廷敬发现富伦所奏有假呢？皇帝问他："你读了三十多年的书，在地方上一日也没待过，什么让朕相信你说的就是对的呢？"陈坦然答道："皇上，只要有公心，看人看事，眼睛是不会走神的！怕就怕有私心！"陈的话道出了他衡人论事做官的"秘密"，简单到无可再简单，即，"要有公心"。(《大清相国》第 140 页)公心即他的良心，他心中的上帝。

类似这样的事不是一件而是很多。山西巡抚奏阳曲县百姓自愿捐建龙亭，要把皇帝的《圣训十六条》刻在石碑上教化子孙。首辅大臣明珠善于"体会圣意"，奏请皇帝批准并发往各省参照执行。但这种公然逢迎谄媚皇帝之举，被陈廷敬一眼看出破绽，知道这是某些地方官员以此为借口摊派勒索百姓。因此不惜在皇帝喜形于色已经批准的情形下提出异见，阻止实施这项计划，惹得皇帝大怒，当场将陈贬官治罪。再如云南巡抚王继文是剿灭吴三桂的功臣，又在筹集饷银、饷粮、军马方面有功，皇帝赞他是会当家理财的好巡抚，并提升他为云贵总督。但陈廷敬从云南省情出发对王的行为产生怀疑，认为其中必有隐情，建议皇帝派员查验。这又是违逆圣意之举，但陈廷敬考虑的是国家的安危，是老百姓的利益；他认为好的官员既要效忠朝廷又要爱护百姓，终于说服皇帝并接受使命亲自完成这项艰难任务。

陈廷敬不仅在朝堂上坚持正义，为他认为的正义之事据理力争，而且在职务之外为了普通百姓的利益，他也不惜与权臣作斗争,无论多么艰难也要昭雪老百姓的冤情,为孤弱无助的平民百姓讨个公道。

陈廷敬在复杂的官场环境中,虽然有时候不得不迂回,不得不隐忍,不得不迁就,但他始终坚持自己的是非观念,坚持自己的道德底线,为国家为百姓尽可能地做了好事。他以自己的修为证明自己是个清官、好官、能官、德官。

再次是操守正。表现多方面,择其要者,一是廉洁。据历史资料记载,清朝官员俸禄比较低,加上吏治腐败导致诸多官场陋习,如贿赂成风,送礼成风。官员升迁必须贿赂早已是官场公开的秘密,一旦升迁成功就千方百计捞钱,形成恶性循环,所以民间有"三年清知县,十万雪花银"之说。陈廷敬曾经两任吏部尚书,主管官员升迁调动,也曾任户部尚书,主管全国财政,权势炙手可热,多少人想以钱财结交他以换取利益,他却始终清白做人,不染纤尘。即使有人想贿赂他,也被他的廉洁所震慑。由于陈廷敬廉洁自持,即使曾遭人诬陷也最终还以清白。陈廷敬在监督铸钱时,有人从废铜堆里发现一枚秦代铜钱,下属说是吉祥之物,请陈廷敬佩在腰间。后来,有人送来新铸的一批样钱请他过目,一枚铜钱落在他那里。起初他并没在意,后想起自己的身份和任务,发誓一文不拿,终于把两枚铜钱还了回去。

二是无私欲。陈廷敬耿介忠直,多次"逆龙鳞"当面直谏,常常惹得皇帝不悦乃至大怒,以常情常理度之,是有违彼时官员处世原则的。彼时官员一般奉行的是事不关己,高高挂起的保身哲学,没人敢于冒险违逆皇帝的"圣意",没人愿意为普通百姓置自己与权臣抗争的境地上。陈廷敬之所以敢于如此,根本原因是他心怀正义,出于公心,无欲则刚。

三是不结党。官场是权臣聚集之所,利益博弈之地。官员们为了营私,最易结党,蝇营狗苟,争斗不已。但陈廷敬因为不谋私利,所以从不投靠权贵,不拉帮,不结派,保持独立人格。当年初入仕途时权臣鳌拜认为陈是明珠的人，明珠认为陈是鳌拜的人，两边都防着他，但他谁也不靠也不解释。后来索阿图和明珠结党争斗，两边都想把陈拉入自己阵营，但他两个圈子都不进，对谁都委蛇敷衍，他宁肯两边都得罪也要保持人格之独立。按说，当初陈进入权力中心明珠是帮了大忙的，明珠也算是他的恩人，但几十年几度沧桑，道不同不相为谋，两人终于分道扬镳，各奔前程。陈最看重的是自己的人格，是做人的操守。

总之，陈廷敬作为封建时代一位好官，无论在道义、修为、操守等方面，都体现了一个"正"字，而"正"的根源是心正。心正才能身正，修为正，操守正，才能立于不败之地。正如古人所说："守法持正，巍如秋山"（刘禹锡），"守正为心，疾恶不惧"（柳宗元）；也如老百姓所说：一正压百邪。心正即无私欲，无欲则刚，无私则无畏。如此看来，官场处世说复杂也不复杂，官德之本在于正，只要始终持"正"守"正"，就能心安神定，以不变应万变，任从风浪起，稳坐钓鱼船。

陈廷敬身处官场五十年，出污泥而不染，实属不易。这样的好官，至今仍有现实意义。正如作者王跃文所说："我固然知道，现代社会靠的是制度和法律，陈廷敬在反腐治贪中也有自己的时代局限性。但陈廷敬身上清正廉洁、勤勉为政的品质是哪个时代都需要的。"（转引自《王岐山推崇的反腐名臣：冒死进谏打"大老虎"》，人民网，2015-01-09）而这，大概也就是王岐山大力推荐《大清相国》的原因吧！

（八）聂致远："唯一的理由，就是心灵的理由"

湖南作家阎真的《活着之上》，是首届路遥文学奖唯一获奖长篇小说，是作者继《沧浪之水》持续畅销十五年后，推出的又一部杰作。

《活着之上》第一人称主人公聂致远，出生于农村，历经本科、硕士生、博士生,毕业后返回本科和硕士的母校麓城大学就职,从讲师直到教授。作品以聂的人生经历为线索,主要叙写了他一路走来的人生遭际和心灵历程。聂致远,作为巨大社会网络上的一个结,在他身上凝结着整个社会的内在结构和基本面貌。或者说,他就像社会肌体的一个细胞,在他身上凝聚着时代和社会的所有信息,是时代、社会的全息缩影。解剖这一细胞,让人们看到的是整个时代和社会,是知识分子的生活道路和心灵秘密。

作品介绍,聂致远 1972 年出生,他的上大学及工作经历都在 20 世纪九十年代之后。此时已经是商品经济时代,支配人们生活的价值观念已经发生巨大变化,"权"和"钱"已经成为时代的"英雄",社会的轴心,其强悍的力量已经渗透到社会各个角落及细枝末节,包括被称为学术殿堂的大学。但是,代表人类文明的传统美德(如公平、正义、人格尊严等)依然存在,与粗鄙的权钱势力形成尖锐对立,在每个人,尤其在知识分子灵魂世界里形成巨大的冲突。现实力量以其冷酷、坚硬、蛮横无理的姿态逼人投降,但是灵魂深处渴望独立和尊严的价值观也在顽强抵抗。现实生活中,那么多人放弃了抵抗,妥协了,投降了,但也有人在坚守,在痛苦中坚守心灵那一块圣地,在为人格争得一份尊严,换句话说,在为自己求得一份心安。聂致远,就是这样一个在痛苦中坚守的典型。

从上大学到被评上大学教授,这中间接触了多少人,经历了多少事啊!作者阎真以细腻的笔法,准确捕捉了每个人、事过程中两种力量的冲突及其在人物心灵上的反应。可以看出,捕捉和描绘这一冲突是作者的一个着力点。而主人公聂致远的反应当然是作者着笔的焦点。这样的描绘在作品中比比皆是,这里酌取一两例以证之。

聂在京华大学读博士学位时已经结婚,在妻子和岳母强烈要求下按揭买了房,要还房贷,还要装修,而他没有任何收入,只有每月国家给的几百元生活补助。除了房子压力外,生活中处处都需要钱:逢年过节总要回老家吧,平时父母没有负担过,过年总要孝敬个意思;亲戚的孩子要压岁钱,还有几家亲戚要去喝酒,结婚酒寿酒百日酒圆屋酒,自己不吃饭这人情是不能缺的;家里干脆等着他拿钱回去杀猪过年,在父母看来,儿子在北京读博士,应该很有钱——钱逼得他整天就想钱的事情,在外面口渴了连饮料也舍不得买一瓶,忍着回宿舍喝水,实在忍不住就找个厕所凑着水龙头喝自来水。

好不容易等来一个赚钱机会,东北一个钢铁企业的大老板要写家族史,朋友介绍他接这活儿,酬金八万。八万,对聂致远来说简直是天文数字,他太需要这笔钱了,他高兴地立马告诉了妻子。但是在看材料的时候发现,老板的爷爷在日本占领时期为日军服务,当过汉奸,这是一个巨大的历史污点,怎么写?老板需要他抹掉这一段,重编新故事,告诉他历史学博士写的就是历史,谁还能怀疑?老板秘书许小姐笑眯眯地暗示:接受了协议可以将酬金增加到十万,现在就可以拿走一半。许小姐明说希望他不要让她失望。怎么办?这活儿,接,还是不接?聂心里展开了激烈搏斗——

这么多钱,是我一辈子没见过的,也已经跟赵平平(聂妻)讲了,她已经都做安排了。我不写也会有人写,又不必署真名,怕什么?许小姐又要我给她个面子,这么漂亮的女孩,自己也实在很愿意让她高兴。如果不是牵扯到那段历史,怎么吹怎么捧,也昧了良心吹了捧了。唉,既然是吹是捧,那还管他怎么吹捧?按照蒙天舒(聂本科同学)屁股中心的观点,钱是我聂致远得到就行了,这就是意义;按照郁明(聂博士同学)的知识转化为生产力的观点,自己的知识要变成钱,这才是意义。(《活着之上》第52页)

然而,最终他还是拒绝了。拒绝的原因没有别的,就因为心里通不过。郁明讥讽他迂腐、愚蠢,说,没想到你还是个特别认真的人,你认真有什么意义呢?又没有人发奖状,钱它到底是钱啊!但聂想的和他不一样。在聂心里,"自己不愿意做,这是意义,也是理由,心灵的理由,唯一的理由。"也就是说,为钱出卖自己的灵魂,心里不安。人的人格尊严,人的灵魂安宁,比钱重要得多。这就是聂致远的人生观和价值观,虽被人讥笑而不改。

历经曲折,聂回母校当大学老师了,第一年先当班导师做学生工作。新生中有个女孩儿是省委组织部一位处长的女儿,学校领导带她到系里报到,嘻嘻哈哈中交待系里负责学生工作的书记让她多"锻炼锻炼"。系领导心领神会,真当成个很严肃的事儿去办了。这姑娘心高气傲,感觉超好,处处表现自己,结果选班干部时排第九名。聂认为,一个小小班干部,什么大事,选不上就算了。但系领导却一定要把她安排成班干部,把她从第九名提到第三名,又要把她安排成班长,聂很不能接受。系领导告诉他这是小事一桩,不必认真,要他执行。聂想,"一个班干部,算最小的资源,甚至简直算不上资源,也要操作一下,由潜规则来确定结局,大一点的事,又怎么可能公平公正?"(《活着之上》第90页)事虽是小事,"可这事情体现的生活法则,却让人感到恐慌,感到悲观",因为,这里的价值观全被颠倒了,扭曲了。系领导要他理解领导的想法,他想,站在领导的角度考虑问题,上面的意思他不能不执行,他可以理解领导的意思、领导的难处,可是,"每个人都可以理解,因此对与错的分野是不存在的,都在可以理解的范围之内。可理解了这一切之后,公平就没有了,真相也没有了。分野似乎有些模糊,但实际上是存在的,而且清晰。说它模糊,是因为人们内心的标准模糊了"。(《活着之上》第92页)

从常情常理即惯常的人情世故出发,聂刚到新单位第一学期,又是没职没权的班导师,领导决定的事情他睁只眼闭只眼,贯彻执行就是了,何苦和领导较真?聂也未尝不知这些道理,他也不是性格执拗的人,但是,因为他内心有已经形成的原则,原则这道坎让他无法轻易迈过去。这原则并不高深超迈,而只是最最普通的公平、公正。他认为:"事情是小事情,可问题不是小问题。一件小事就能够动摇学生们对公正和诚信的信念,"(《活着之上》第93页)因此就不再是小事情,而是事关原则了。于是他冒着忤逆领导的风险,要求领导收回成命。在他的强烈要求下,系里稍做妥协安排她当了团支书。

这还只是聂入职之初遇到的"小事",后来的事一桩接一桩,桩桩件件都牵扯"原则",牵涉"信念",都是对他的考验。整部作品,聂都在现实与原则的对立中挣扎,他的灵魂时刻都处于极度的痛苦之中,但是,正如他在前述"小事"面前一样,他都做到了灵魂的坚守,在复杂艰难的生存环境中极力维护着心灵的安宁。因为,自己不愿意做,就是意义,也是理由,心灵的理由就是唯一的理由。

在作品里,我们常常看到聂致远很隐秘很动人的内心活动。例如,还说上面安排学生干部的事。年级专职辅导员小董明白那位干部子女选举中落败不该再提上去,但面对上面的压力,他强调自己"没办法",所以主张按上面要求办,他可怜而无奈地希望聂给予理解。聂致远承认小董说的是实情,也理解他的无奈。但是这个实情让聂心里很堵——"大家都这样'没办法'起来,学生他们看不见吗?看见了不会想吗?见多了想多了还会有信念吗?都没了信念,将来社会会是个什么样子?国家会是个什么样子?当然,我也可以想,这不是我一个人的事,一推了之。可谁都这么想,都一推了之,会是一种什么样的局面?我觉得自己应该有一点坚守,就从这看不见的小地方开始。"(《活着之上》第89页)

知道事情不大,但信念的崩溃就从这一点点开始,因此坚守信念也要从这一个个"小地方"开始;知道自己人微言轻,地位渺小,但也要从自我开始;虽然没人知道自己的坚守是多么可敬,因而也没人表扬,甚至还会得罪人,但也要坚守。很明显,这种坚守不是做给别人看,而是坚守给自己看,是为了维护自己的信念,为让自己心里好受点。这种"心",是纯粹、纯洁、纯正的公心,是一种极高的精神境界。它体现的是慎独,是自律,是敬畏。敬畏的是良心,是信仰,举头三尺有神明,别人看不见,自己看得见。

聂的内心境界,直通中国古圣贤的境界。作品中反复提到曹雪芹——每当聂心灵烦躁、困惑、不安时,就要联想到曹雪芹。曹当年隐居北京西山写书,生活极端贫困,儿子在贫困中病死,几个月后自己也在贫困中逝去。其实,曹完全可以不这么折磨自己。他才华横溢,有很多通向富贵的路,至少是衣食无忧。他姑姑嫁给了镶红旗王子讷尔苏,他亲表兄正当着议政大臣,他可以去拜谒求助;也可以考科举复兴家族;还可以去当豪门清客求得衣食无忧。也就是说,他只要对生活稍做让步,把内心的原则软化一下,就会机会多多。但他统统拒绝了。拒绝的原因没有别的,只能是他"太骄傲了,内心也太强大了。他是生活在别处的人,世俗的眼光对他来说毫无意义。——他选择了背向主流社会,背向荣华富贵,背问人们所仰慕和渴求的一切"。(《活着之上》第55页)曹雪芹的选择改变了世界了吗?没有!改变了自己的人生吗?也没有。"既然没有,他的选择有什么意义?有什么理由?唯一的理由,就是心灵的理由。"(《活着之上》第56页)拒绝灵魂的屈服与妥协而选择清高和骄傲,这是中国所有文化名人的共同选择,孔子、司马迁、陶渊明、李白、杜甫、苏东坡……曹雪芹,都是如此。先贤的选择对芸芸众生可能太高了些,但是,虽不能至,心向往之——这就是先贤的意义,这就是先贤之所以至今让人崇敬的原因。

(九)浮士德:在永无休止的追求中安慰自己的灵魂

诗剧《浮士德》是歌德的代表作,其创作过程从青年时代起直到逝世前,历时60年,可以说是他以毕生心血完成的一部杰作,是他一生思想和艺术探索的结晶,被文学史家称为(截止19世纪初)西方文学的四大里程碑之一(其他三部是古希腊的"荷马史诗",但丁的《神曲》,莎士比亚的悲剧)。

《浮士德》没有首尾相连的情节,主要通过中心人物浮士德的

心安是家

"经历"贯穿全剧。浮士德的"故事"开始于他的书斋生活:深更半夜,浮士德在痛苦地抒发心中的烦恼与不安——

> 到如今,唉!我已对哲学、
> 法学以及医学方面,
> 而且,遗憾,还对神学!
> 都化过苦功,彻底钻研。
> 我这可怜的傻子,如今
> 依然像从前一样聪明;
> 称为硕士,甚至称为博士,
> 牵着我学生们的鼻子,
> 上上下下,纵横驰骋,
> 已经有了十年光景——
> 我知道,我们无法弄清!
> 真有点令我心痛如焚。
>
> (钱春绮译《浮士德》第25页,上海译文出版社,1999)

> 不管穿什么服装,狭隘的浮生
> 总使我感到非常烦恼。
> 要只顾嬉游,我已太老,
> 要无所要求,我又太年轻。
> 人世能给我什么恩赐?
> 你要克己!要克己!
> 这是一句永远的老调,
> 在人人的耳边喧嚷,
> 我们一生,随时都听到
> 这种声嘶力竭的歌唱。
> 我早晨醒来,只有觉得惶恐,

总不由得落泪伤心,
想到今日,在这一天之中,
一个愿望也不会实现,一个也不行,
甚至任何快乐的向往
也被任意的挑剔打消,
活跃的满腔创新的思想
都受到无数俗虑的干扰。
等到黑夜降临,上床就寝,
我又要感到惶惶不安;
在床上也是心神不宁,
许多恶梦使我胆寒。
驻在我的胸中的神,
能深深激动我的内心,
但这支配我全部力量的神,
却没有对付外力的本领;
因此,我觉得生存真是麻烦,
我情愿死,不愿活在世间。

(钱译《浮士德》第84～85页)

　　是什么原因让浮士德如此痛苦、烦恼与不安呢?他说得很清楚,他感到活着没有意义。什么学问学问,成年累月的穷经皓首,什么都知道了,但生命的活力却被榨干了。你刚有一点点自己的想法,别人立刻警告你要克己,别胡想。我想快乐,却被世俗指责;我想创造,又被俗虑干扰;我生命的欲望("神")时时在冲动,却不敢正面瞧一眼外界俨乎其然、冠冕堂皇的外部力量。我的生命已经苍白、干瘪,因此活着不如死了好。——也就是说,是生命的虚无感把他逼到了绝路上。浮士德是个渊博的书生,他对生存的意义问题十分敏感,当他感到生存失去理由或根据时宁肯放弃生命。

由此可知浮士德心灵不安的程度是多么严重,或者说他想改变自己活法的愿望是多么强烈。

恰在这时,魔鬼梅非斯特出现和他谈判打赌,答应把他从书斋中解放出来,情愿当他的奴仆,为他服务,尽最大努力帮他消除心灵的烦恼,帮他实现他想实现的一切欲望。但条件是当他感到满足时,他就算输了,灵魂归魔鬼所有,来世为魔鬼服务。浮士德深谙生命的奥秘:人的欲望是永远也不可能满足的,一个欲望实现了,十个欲望产生了;一次欲望满足了,一千次一万次欲望唤起了,因此他自信自己永远不会满足也就永远不会输,于是毅然签下这个约,从此开始了后半生尽情释放生命活力,永无休止的追求历程。

浮士德走出书斋,魔鬼先用最为普通的世俗享受引诱他,把他带到市民社会,走进莱比锡一家地下酒馆。一群大学生正在花天酒地,其乐陶陶,但饱读诗书的浮士德对这种享乐不屑一顾。魔鬼又带他到魔女之厨让他喝下魔汤返老还童,并帮助他得到美丽少女玛加蕾特的爱情。为躲避姑娘母亲的干扰,魔鬼指使浮士德让姑娘送安眠药给母亲,致使其服用过量而死亡。姑娘哥哥与浮士德决斗被刺死。姑娘悲痛致疯,并溺死她与浮士德的私生子,入狱被判死刑。此时的浮士德认识到自己放纵情欲导致姑娘一家悲剧的罪孽,痛悔万分,从此否定纵欲的肉体享受生活而转向精神方面的追求。

浮士德在一个风景优美的地方短暂休息后,魔鬼又带他来到罗马宫廷,安排他当了朝中大臣,试图让他迷恋于权力的追求之中。但皇帝无能,朝臣瞒上欺下,教会掠夺人民,军队四处抢劫,百姓怨声载道,国家财政枯竭,可是皇帝照旧寻欢作乐。为了挽救朝廷的经济危机,浮士德根据魔鬼的意见,怂恿皇帝发行纸币,随之带来虚假的繁荣。但皇帝荒淫无耻,竟异想天开,让浮士德召唤古希腊美人海伦供他欣赏。在魔鬼的帮助下,浮士德召来了海伦和帕里斯王子的灵魂。浮士德忌妒帕里斯对海伦之爱,随将魔术的钥匙触到帕里斯身上,精灵立刻爆炸消散,浮士德昏倒在地。看来,权力也不能让浮士德沉迷,他对海伦(古典艺术美的象征)一见钟情,说明他更喜欢古典艺术之美。

浮士德渴望什么,魔鬼就必须帮助他得到满足。于是在浮士德的书房里,借助他的学生瓦格纳所造的精灵荷蒙库路斯,找来了海伦并让浮士德与之结婚,生下儿子欧福里翁。此子性格奔放不羁,洋溢着生命的活力,需要不断地往上空飞翔,结果不幸坠落在父母的脚边摔死。海伦看到儿子死亡,听到儿子从地底发出呼唤母亲的叫声,也追随儿子于地下,只剩下衣服和面纱留在浮士德手中。随后海伦的衣裳又化为祥云,裹住浮士德飞向空中又把他送回现实世界。这象征着浮士德所追求的古典艺术之美只是一种幻影,它不可能成为现实,不可能成为浮士德留恋驻足的地方。

美的追求幻灭后,浮士德感到一切脱离实际的幻想都是徒劳无益的,应该脚踏实地地面对现实做一些有利社会之事。魔鬼带着浮士德乘云出现在高山上,浮士德看到下面的大海,顿生填海造田,为天下百姓建立一个理想王国的念头。适逢国中发生叛乱,浮士德在魔鬼帮助下平息了叛乱,皇帝赐给他一块海边的封地。从此浮士德开始了他的伟大事业。此时的浮士德已年至半百,双目失明。但他壮心不已,不断催促魔鬼加快工程进度。面对如火如荼的辉煌大业,浮士德沉浸在未来人民安居乐业的美好想象中:

> 我愿看到这样的人群,
> 在自由的土地上跟自由的人民结邻!
> 那时,让我对那一瞬间开口:
> 停一停吧,你真美丽!
> 我的尘世生涯的痕迹就能够
> 永世永劫不会消逝。——
> 我抱着这种高度幸福的预感,

现在享受这个最高的瞬间。

(浮士德向后倒下,鬼怪们将他扶起,放在地上。)

(钱译《浮士德》第 637 页)

对这段话,传统的理解是浮士德在自己的事业中感到满足了,陶醉了,因而输给魔鬼了。细读文本,感到这样理解似乎是不准确的。因为,浮士德对这个"最高瞬间"的享受并不是现实的而只是想象的,只是对"这种高度幸福的预感"。他只是说"那时",让我对"那一瞬间"开口说满意。"那时"还只是一种未来时。也就是说,只要他所预期的理想境界没有真正地实现,他就不可能真正满足和陶醉,他还会继续不懈地努力奋斗。看来,魔鬼高兴得太早了,浮士德没有真输,魔鬼也就无所谓胜利。所以当魔鬼等候着要攫取浮士德的灵魂之时,天帝命天使下凡把浮士德的灵魂接往天国。

以上是《浮士德》情节的主干,一般文学史书将其归纳为五场悲剧:知识(书斋生活)、爱情(世俗生活)、从政(官场生活)、美(追求艺术)、事业(建立人间理想国)。情节之间没有现实的逻辑关系,而只是作者的一种心理实验。"可以说,整个剧是在一个博大的心灵之内演出,虽然道具、背景、人物身份等全是从世俗中搬来的,但诗人以'化腐朽为神奇'的本领给它们赋予了全新的意义。"(残雪:《地狱中的独行者》第 51 页,生活·读书·新知三联书店,2003)

什么意义呢?歌德以以上表意性的浮士德的经历,象征性地传达了他对人生意义的理解——人生是一个过程,人生的意义不在于任何一个具体的、现实的目标的实现,而在于每时每刻都必须重新开始的永无穷尽的向上追求中。每一个具体的现实的目标都是有限的,如果执着于其中就会导致生命的停滞,就等于生命的死亡,因而必须自强不息,永远追求。"这样一种没有退路的生活有它非常可怕的一面,所以一开始,浮士德就必须将自己的灵魂抵押在梅非斯特手中。此举的意义在于,让浮士德在每一瞬间看见死神,因为只要一停止追求便是死期来临。这种生活的可怕还在于:它内部包含了致命的矛盾。创造的成果总是抓不住,一瞬即逝,留下的只是令人嫌弃的肉体,而又唯有这肮脏猥琐的肉体,是人的创造灵感所依赖、所寄生的地方。被梅非斯特如催命鬼一样逼着不停向前冲的浮士德,所过的就是这样一种双重可怕的生活。"(残雪:《地狱中的独行者》第51～52页,生活·读书·新知三联书店,2003)而这,也就是生命的真相,人的生存的真相,浮士德将这一真相传达得淋漓尽致。浮士德自强不息、永远追求的性格内涵被提炼抽象为"浮士德精神"。

关于浮士德精神,具有多重的象征意义。首先它是作者歌德本人心路历程的艺术化。实际生活中的歌德本人,是一个天性好动,喜欢创造,热心体验各种生活,永无休止地追求的人。浮士德每一阶段的探索都和歌德本人生活经历,尤其是精神生活的发展有着若隐若现、若即若离的关系,都渗透着歌德的人生体验和思考。所以论者一般都视浮士德为歌德心路历程的象征。其次,浮士德的性格代表了上升时期资产阶级先进知识分子顽强奋斗,积极进取的精神,所以人们又把浮士德的心灵史视为近代欧洲300年资产阶级精神发展史。再次,我们更感兴趣的是,从终极角度看,浮士德的形象具有超越个人、超越时代、超越阶级、超越民族、超越任何时空的性质,即他的心灵史也可以视为整个人类的心灵生活史。我们之所以这样说,是因为它内在的精神实质更符合人的本能、人的天性。人的生命、人的精神的本质特征就是发展、变化、运动,因而必须永无休止地追求,在追求中释放生命的能量,让生命在追求中得到自我实现。一旦停止发展,就意味着生命到了尽头。当然,作为个人,亦或人类,可能有沉沦或堕落的时候,但生命要求运动、要求发展的内在本质终会自然生长出来克服之而继续前行。歌德深谙人性这一弱点,他借天主之口说,"人类的活动劲头过于容易放松,他们往往喜爱绝对的安闲"。怎么办？歌德借助天主,安排永不安分、永远充满活力的梅非斯特来做浮士德的伙伴,以刺激他内心深处的生命活力。这种安排,表面上看起来浮士德和魔鬼是两个人,而实质上正如我们前面所分析,他们其实是一个人。魔鬼不是别的,正是人天性中永不知满足的一面,与惰性相对立的另一面。所以,浮士德精神其实正是人类自己的精神。从这个意义上说,浮士德是德意志民族的集体无意识,也是全人类的集体无意识。正是这个原因,浮士德形象一经创造出来,立刻引起接受者的广泛注意和普遍喜欢,人们从他身上好像看到了自己的影子,从此浮士德作为一个经典形象走进德国人、欧洲人,现在是全人类的心中。在此之前,人们也在努力、也在奋斗,但都是自发的,盲目的,是生命本身的意志。自从有了《浮士德》,人们才一下子清醒了。明白了作为人,就应该像浮士德那样活着;生命的本质就是永无休止地运动和发展,所以人只有在永无休止地追求中才能获得心灵的安慰,才能找到生命的价值,生命的意义。

歌德借助浮士德所要阐释的道理,其实两千多年前中国古人早就发现而且精辟地说透了——只不过不像歌德用一部大著阐释得这么生动、具体——那就是:天行健,君子以自强不息!

浮士德形象对后世影响甚远,浮士德精神早已深入人心。人生的意义在于永无穷尽的追求已基本成为当今世界人们的共识。浮士德精神作为一种象征符号已经载入人类文学史、精神史和文明史,激励人们永远拼搏、永远奋斗、永远追求向上。不为别的,就为安慰这颗永不安分的灵魂,为了人与天的合一。

(十) 冉阿让:良心就是上帝

冉阿让是法国文豪雨果名著《悲惨世界》中的男主人公。

若干年前读雨果的名著《悲惨世界》,读得心动神摇,情感之海波翻浪涌,不能平静。米里哀主教"毫不利己,专门利人"的崇高境界，让我敬佩之至；芳汀、珂赛特母女的悲惨命运，让我无限同情；德纳第夫妇的卑鄙无耻，让我咬牙切齿；然而，让我心灵受到更大震颤、至今不读原著仍能清晰回忆起来的，是主人公冉阿让仁爱慈善的一生，尤其是他舍己为人昭雪冤狱时那场暴风雨般的心灵激战。那是我曾经见到的最为真实、最为激烈、最为复杂、最为深刻的心灵之战。在这里，我亲眼看到，冉阿让是怎样一步步"直赴天国所在的深渊"，又怎样从黑暗无边的深渊一步步走向无限光明的天国。

关于这场"心灵激战"的性质和意义，雨果自己当然有极为深刻的认识。在"脑海中的风暴"这一小节的开头他写道："我们已经向那颗良心的深处探望过，现在是再探望的时刻了。我们这样做，不能没有感动，也不能没有恐惧，因为这种探望比任何事情都更加惊心触目。精神的眼睛，除了在人的心里，再没有旁的地方可以见到更多的异彩，更多的黑暗；再没有比那更可怕、更复杂、更神秘、更变化无穷的东西。世间有一种比海洋更大的景象，那便是天空；还有一种比天空更大的景象，那便是内心的活动。"（雨果：《悲惨世界》第一部第 273～274 页，李丹译，人民文学出版社，1977）

正因为雨果对人的心灵世界的神秘复杂有如此清醒的认识，所以他对冉阿让的这场心灵之战深感兴趣，投以极大的热情。可以说他是以一种庄严肃穆的心情下笔的。他用了将近一卷（五万多字）的篇幅，写得极其温柔细腻而又惊心动魄。详细叙述这场激战是不可能的，而任何概括都不能尽传其微妙和精彩。为了让没读过原著的读者有一个大概的了解，也为了我们评述的方便，无奈之下，只能以拙笔简要叙述一下其全过程。

这场心灵之战的背景是这样的：冉阿让，一个纯朴善良、老实本分的农业工人，为了七个嗷嗷待哺的外甥，万般无奈之中打破橱窗偷了一块面包，结果被当场抓住并被判五年苦役。由于一再越狱，罪上加罪，苦役加至十九年。出狱后他想回到社会重新做人，然而苦役犯的身份让所有人都拒绝他,卑视他,他心中充满了仇恨,发誓要报复这个不公正的社会。后来,米里哀主教满怀爱心接待了他,然而他却以怨报德,当夜又偷了主教家的银器。被抓住后主教不但不责备他,反而又把别的东西也送给他。主教口口声声称他为兄弟,说"我赎的是您的灵魂,我把它从黑暗的思想和自暴自弃的精神里面救出来,交还给上帝"。主教的宽恕,彻底感化了他,他决心洗心革面,做一个像主教那样的人。此后他来到海滨小城蒙特猗,改名为马德兰,依靠自己的发明办起了工厂,从事贸易,几年间成为百万富翁。他乐善好施,广泛救助穷人,赢得全城人的拥戴,被选为市长。这时的冉阿让,是个社会上成功内心里幸福的人。他"卜居在蒙特猗,一面追念那些伤怀的往事,一面庆幸自己难得的余生,可以弥补前半生的缺憾;他生活安逸,有保障,有希望,他只有两种心愿:埋名,立德;远避人世,皈依上帝。"

然而,天有不测之风云。忽然有一天,他从警察沙威口中得知一件令他震惊的事:一个叫商马第的老头因偷苹果被逮捕入狱,在监狱里被同室囚犯指认为旧犯冉阿让。偷几颗苹果在小孩子是顽皮行为,对于成人是一种小过失,对于苦役犯却是一种犯罪,为此可能要判终身监禁。冉阿让心里明白,这是一桩冤案。他感到晴空中忽然来了满天乌云,雷电即将交作,大祸即将临头。怎么办?他的反应是——"他最初的意念便是去,跑去,自首,把那商马第从牢狱里救出来,而自受监禁;那样想是和锥心刺骨一样苦楚创痛的;随后,那种念头过去了,他对自己说:'想想吧!想想吧!'他控制了最初的那种慷慨心情,在英雄主义面前退缩了。"

想去自首又退缩了,这只是最初的一闪念的心理活动,对这一心理活动,叙述人(隐含作者)的分析是:"他久已奉持那主教的圣言,经过了多年的忏悔和忍辱,修身自赎,也有了值得乐观的开端;到现在,他在面临那么咄咄逼人的逆境的时候,如果仍旧能够立即下定决心,直赴天国所在的深渊,义无反顾,那又是多么豪放的一件事；那样做，固然豪放，但是他并没有那样做。——最初支配着他的是自卫的本能作用"。总之，面对如此严峻的局面，他还来不及深思熟虑，在深入思考之前他尚不能做出任何影响命运的重大决定。惶惑之中他暂取了一个所谓"自全方法"——最好是亲自去看看审判的经过，到时候看情况再做决定。于是他订下了第二天准备去阿拉斯的车子。

夜里，黑暗无边，他闩上门独自一人开始了心灵的交战。

开始，他想骗自己。他自知自己有罪（偷主教东西、抢夺扫烟囱的孩子），他承认监牢里应该有一个自己的位子，这是无可避免势所必至的事。但在这时候他有了一个替身，那个叫商马第的人活该倒霉，从此他就可以利用商马第的身子去坐牢，而冒马德兰的名生存于社会，从而也彻底摆脱了沙威这条恶狗的怀疑和窥伺了。这样安排没有什么不妥，因为一切的发生与自己无关，"假使有人遭殃，那完全不是我的过错。主持一切的是上天。显然是天意如此！我有什么权利扰乱上天的安排？我现在还要求什么？我还要管什么闲事？那和我并不相干。多年来我要达到的目的，我在黑夜里的梦想，我向天祷祝的愿望，安全，我已经得到了。要这样办的是上帝。我绝不应当反抗上帝的意旨。——决定了，听其自然！接受慈悲上帝的安排！"

但是，这样决定之后心里"反而感到不安"。他仿佛觉得有人在看他。有人，谁呢？"他想要摒诸门外的东西终于进来了，他要使它看不见，它却望着他。这就是他的良心。""他的良心，就是上帝"。

上帝或者说是良心，其实是他内心深处的另一种声音，这种声音迫使他"说他所不情愿说，听他不情愿听的话"；迫使他"屈服在一种神秘的力量下面"。

在上帝的逼视，其实是良心的自审下，冉阿让意识到自己的"既定办法"是荒谬的："'听其自然，接受慈悲上帝的安排'，纯粹是丑恶可耻的。让那天定的和人为的乖误进行到底,而不加以阻止,噤口不言,毫无表示,那样正是积极参加了一切乖误的活动,那是最卑鄙、丧失人格的伪善行为!是卑污、怯懦、阴险、无耻、丑恶的罪行!"

冉阿让严厉地自我审判,把它上升到人生目的和意义高度来看。他承认自己生在人间,确有一种目的。那是什么呢?难道仅仅是隐藏自己的名字为了一己之安危吗?当然不是。他认为真正的远大的人生目的应该是,"救他的灵魂,而不是救他的躯体。重做诚实仁善的人。做一个有天良的人!难道那不是他一生的抱负中和主教对他的期望中唯一的重要事情吗?"他感到自己试图通过隐姓埋名斩断过去的历史是在做一件丑事,是最丑恶的贼!他偷盗另外一个人的生活、性命、安宁和他在阳光下的地位!他正在做杀人的勾当!他杀人,从精神方面杀害一个可怜的人。这样的人、人生无疑是罪恶的人生,卑鄙可耻的人生。相反,如果前去自首救出了那个蒙冤之人,恢复自己的真面目,尽自己的责任,重做苦役犯冉阿让,那才真正是洗心革面。外表是重入地狱,实际上却是走出地狱!或者说是身入了地狱而心却出了地狱。看来他必须决心断送世俗的幸福才能拯救自己的灵魂。——这是极为惨重的牺牲!叙述人感叹道:"多么悲惨的命运!这是最伟大的牺牲,最惨痛的胜利,最后的难关;但是非这样不可。悲惨的身世!他只有走进世人眼中的羞辱,才能够达到上帝眼中的圣洁!"

经过一番灵魂的自审,上帝之光照亮了他的心魂,他终于下决心前去自首,尽自己的天职救出那个人。这时候,"他异常恐惧,但是他觉得善的思想胜利了"。"他觉得他接近了自己良心和命运的另一次具有决定性的时刻,主教标志他新生命的第一阶段,商马第标志它的第二阶段。严重的危机以后,又继以严重的考验。"这考验是人生的又一次抉择:或者外君子而内小人,或者圣洁其中而羞辱其外。他经受住了这一考验,经过艰苦的思想斗争,他选择了后者。

从善的决心是下了,但并不意味着已经铁定,义无反顾了。因为事关太重大,所以下决心后仍然免不了犹豫。海水流走可以流回,上帝摇荡人的心灵正如海水。

　　冉阿让决定自首后想到那个可怜的妇人芳汀怎么办,由芳汀又想到他所眷顾的全城人怎么办。想到这里他感到好像有一道意外的光照亮了他的心:"哎哟,可了不得! 直到现在,我还只是在替自己着想! 我还只注意到我自己的利害问题。我可以一声不响也可以公然自首、隐藏我的名字或是挽救我的灵魂,做一个人格扫地而受人恭维的官吏,或是一个没有名誉而可敬的囚徒,那是我的事,始终是我的事,仅仅是我的事! 但是我的上帝,那完全是自私自利主义! 那是自私自利主义的不同形式,但是总还是自私自利主义! 假使我稍稍替旁人着想呢? 最高的圣德便是为旁人着想。"而为旁人着想的结果是,有我就有全城人的幸福,我走了全城人就可能陷于灾难之中。我不去自首,害的仅仅是一个人,而惠及的是千万人;我自首了,救出了一个人而害了千万人;另外,我去不去自首,仅仅是个人的良心问题,而牵涉到的却是千万人的现实生存。为了救一个犯罪的人竟不惜牺牲全体无罪的人,这样的事太残忍、太不该了! "假设在这里面,对于我来说,有种坏行动,我将来会有一天受到自己良心的谴责的,可是,为了别人的利益,接受那种只牵涉到我个人的谴责,不顾我灵魂的堕落,仍旧完成那种坏行动,那样才真是忠于谋人,那样才真是美德。"两害相衡取其轻,结论是明显的——不去自首。

　　冉阿让对自己所想感到满意,认为终于找到了真理,找到了办法:"我已经下了决心。由它去! 不必再犹豫,不必再退缩。这是为了大众的利益,不是为我。"

　　找到了不去自首的强大精神支柱,他心里高兴极了! 他决心以马德兰的名义生活下去,他开始销毁能证明他是冉阿让的所有证据。

然而,正当他这么做的时候,他心中另一种声音又喊了起来:冉阿让,当你留在欢乐和光明中的时候,那边将有一个人穿上你的红褂子,顶替着你的名字,受尽羞辱,还得在牢狱里拖着你的铁链!你于心何忍!你这无赖!你这无耻的东西!在一片欢呼赞颂你的声音背后,一种谁也听不见的声音将在黑暗中诅骂你,只有这种诅骂你的声音能够直达上帝!

那声音起初很微弱,后来越来越洪亮,越来越惊人,直让他毛骨悚然,心惊胆战。两种意见,两种声音,势均力敌,各不相让。两种意见对于他好像都是绝路,他彻底陷于精神的绝境了:"无论他怎样做,他终究回到他那缥缈心情底里的那句痛心的、左右为难的话上:留在天堂做魔鬼,或是回到地狱做天使。"

怎么办,伟大的上帝!怎么办?

他费了无穷气力才消释了的那种烦恼又重新涌上他的心头了。他的思想又开始紊乱起来。他的思想转了几个圈又回到了游移不定的状态。他并不比开始的时候有什么进展。

对于冉阿让的绝境,叙述人(代表作者)给予了深刻的理解和同情,并且也给予了最高的敬仰。叙述人拿冉阿让与耶稣基督相比——"这个不幸的人老是在苦恼下面挣扎。距这苦命人一千八百年前,那个会集人类一切圣德和一切痛苦于一身的神人,正当橄榄树在来自太空的疾风中颤动的时候,也曾经把那一杯在星光下面显得阴森惨暗的苦酒,推到一边,久久低回不决呢。"

精神陷于绝境,可是现实中的他却不能无所行动啊!他的心灵搏斗了一夜,终于还是不知怎么办。天亮时,他头一天订的去阿拉斯的小车来催他,迷茫中的他身不由己地上路了。这时的他,"完全没有打定主意,完全没有下决心,完全没有固定,一点没有准备。他内心的一切活动全不是确定的。他完完全全是起初的那个样子"。

他为什么去阿拉斯?他想去看看情况。但"实际上,说句真话,他还是最欢喜能够不去阿拉斯。"可是他去了。"车子愈前进,他的心却愈后退。"一路上,他遇上了种种障碍,如车子坏了,马累了走不动了,天马路远走不到了等等。每次遇到困难无法走的时候,他内心都感到一阵极大的快乐,他想这不是我不去,而是现实困难实在去不了。——"假使他不再走远一点,那已经不关他的事。那已经不是他的过失,不是他的良心问题,而是天意。"但每遇困难他又千方百计不遗余力去解决,唯恐稍有一点不尽心而良心受谴责。当困难得到克服又能顺利前进时,又立刻汗流浃背,极度懊丧。就这样,一路上他一方面希望往后退,一方面又逼着自己往前走,终于在艰苦跋涉十四小时之后于晚上八点钟到达阿拉斯。

在阿拉斯,他本来已经非常疲累,但良心却又逼着他自己立刻去找法院;他希望商马第的案子已经审结,但因种种原因偏偏让他正赶上审理此案;法院里坐满了人已经无法进去,他本可以心安理得地走掉,但他却又利用自己市长的身份想尽办法进到法庭里;在法庭里,没有人认识他,他完全可以装糊涂,但正是他主动走出来承认自己就是冉阿让;人们不相信高尚的马德兰市长以前竟是一个苦役犯,就连以前同狱囚犯也认不出他了,又是他自己通过往事的回忆,以铁的事实证明自己就是真正的冉阿让。就这样,从上路的那一刻起他每走一步都有后退的愿望和机会,但又正是他堵死了自己的退路直至把自己逼上绝境,逼进监牢。

冉阿让把自己的肉身逼进了人间的地狱,然而他的灵魂却升上了神界的天堂。这是一段完整的心灵朝圣之旅,其中闪射出的精神之光,将为一切在黑暗深渊中挣扎的人引路,将使一切渴望踏上但尚未踏上心灵朝圣之旅的人从中获得宝贵的启示。

首先,心灵朝圣的前提是心中有"圣",这个"圣"即上帝,或曰神。上帝或神,在中国文化背景下往往被理解为高居天堂手握生杀予夺大权,掌管人间吉凶祸福的人格神,所以人要想获得幸福,必须讨好他,巴结他,给他烧香磕头,向他祈祷甚至行贿。这实在是一种极大的误解。雨果写得明白——他的良心,就是上帝。因此,上帝就是每个人心中神性的自我,或曰自我中的神性。康德说,"有两样东西,我们愈时常、愈反复地加以思维,它们就给人心灌注了时时在翻新、有加无已的赞叹和敬畏:头上的星空和内心的道德法则。"(康德:《实践理性批判》,第164页,商务印书馆,1960年)康德所说"道德法则"即道德意义上的神。这种意义上的神和上帝,从性质上看,其实是一种至高无上的精神信仰,一种绝对的道德律令。因为它是一种精神存在而不是一种实体,所以你信它,它就有;你不信它,它就没有,它存在于人的信仰中。人心中有这个信仰和没有这个信仰是大不一样的。有,就意味着人的生存有了理由,有了根据,有了目标和方向,它让人"心有所系",这就是所谓人生的意义,所谓灵魂的寄托。冉阿让在这场心灵激战中,一路犹豫又一路坚定,一路迷茫又一路清醒,就因为他心中有一个"神"。"神"在谁也看不见的地方呼唤他,指引他,在冥冥之中为他导航。在他心里,"神"是无形的,但威慑力却是强大的。只要有"神"在场,无论你有多少犹豫和不情愿,最后都要听从它的指令。

接下来的问题就是向着这个目标的追求,即有向往的意识,向往的渴望,向往的行为。当然,由于这一目标的高远,你一时可能达不到,或永远达不到,这不要紧,目标的意义就在于它是"目"中之"标",在于它可以引领出一个追求的过程,换句话说即在于引你去追求。中国古人说"高山仰止,景行行止;虽不能至,心向往之"就是这个意思。

前面我们说,对于"神圣",你信则有,不信则没有,它存在于人的信仰中。现在我们可以补充说,对于"神圣",你追求则有,你放弃追求则没有,它存在于人的不懈追求中。追求?那么追求到什么地方才算?我们说神圣不是一个固定的地址,它没有可以量化的距离,它就存在于人的行为中、过程中。你真心诚意地追求着,神圣就与你同在,你一旦放弃追求,它就弃你而去。

"神圣"作为精神目标是高远的(不高远不足以为神圣),它与现实的人与人的现实有着绝对的距离,因此追求的过程绝对是漫长的、艰苦的。人追求的出发点是脚下的现实,而脚下的现实可能是一个无底的深渊。这里蕴藏着虚伪、自私、卑鄙、怯懦、丑恶等各路魔鬼,它们根深蒂固,来自原"恶"。在你朝圣的路上,它们时时刻刻都可能出来干扰、破坏、阻挠,随时都可能把你拖回深渊。正如雨果在作品中所写的:"人心是妄念、贪欲和阴谋的污池,梦想的舞台,丑恶意念的渊薮,诡诈的都会,欲望的战场。你在某些时候,不妨对于一个运用心思的人,望穿他那阴沉的面容,深入到皮里,探索他的心情,穷究他的思绪。在那种外表的寂静下面,就有荷马诗中那种巨灵的搏斗,弥尔顿诗中那种龙蛇的混战,但丁诗中那种幻象的萦绕。人心是广漠辽阔的天地,人在面对良心、省察胸中抱负和日常行动的时候,往往黯然神伤!"正因为雨果对人心灵中深渊的复杂有清醒的理解和认识,所以他笔下的这场心灵之战才有异乎寻常的真实性和震撼力。他笔下的冉阿让,绝对是一个一心向善的好人,但是,即使是这样一个人,一个受到主教感化、决心像主教那样终生为善的人,在考验面前仍免不了进进退退,摇摇摆摆,反反复复,何况其他人呢!

朝圣路上的反复和摇摆,对于"人"来说是正常的,可以理解的。因为"人"与"神"之间本有着巨大的距离,从"人"走向"神"可能要作出巨大的牺牲,包括名誉、地位、金钱等现实的精神和物质利益。牺牲是痛苦的,困难的,但正因为痛苦、困难才显示出神圣的意义,否则,如果从"人"到"神"一步可以迈到,那还叫什么神圣!

精神朝圣是一种内在的心灵活动,没有人看见,没有人监督,没有人逼迫,完全是自愿的"灵魂深处爆发革命",所以在这场圣战中要想获得胜利,必须具有坚强的意志和绝对高度的自律。冉阿让的胜利,靠的就是他每时每刻的绝对自律。他灵魂中有两个自我,神性的自我与世俗的自我时时刻刻都在冲突、对抗、搏斗,世俗的自我时时都在寻求逃避，但神性自我代表上帝的眼睛，它明察秋毫，使世俗自我无所遁逃。冉阿让在朝圣路上，每一步他都想打退堂鼓，而且时时也都有退路，但每一步他都把自己的退路堵死，这才一步步走向了天国。这是一场听不见喊杀声的战斗，但却是激烈无比的撕杀，许多人忍受不了它的残酷，往往败下阵来。只有少数人经受住了它的考验，才获得了胜利。

冉阿让的朝圣历程还让我们看到，所谓"天国"所谓"神圣"，并不是一个孤立、纯粹的光明所在，而是就在它的对立面——心灵深渊——之中，所以人们挣脱深渊的过程其实就是走向天国的过程。或者说要想进入天国，必须敢于"直赴天国所在的深渊"。天然的圣洁不是真正的圣洁，真正的圣洁是临深渊而不陷，出污泥而不染。

就我个人阅读兴趣而言，我认为雨果对冉阿让这次（书中还有不少次）心灵朝圣过程的描写是全书中最为精彩的部分。恕我孤陋寡闻，我以为这大概是在此之前的世界文学史上绝无仅有的、最有灵魂深度的艺术描写。在这之前文学艺术中当然也有对于人的灵魂的深刻剖析（如莎士比亚、歌德等），但就其深度而言，似乎稍逊一筹。雨果对人的灵魂生活的关注，对后世影响深远，如托尔斯泰、陀思妥耶夫斯基等心灵描写的圣手，无不从雨果著作中受益。雨果以及后来的托尔斯泰等人对人的心灵生活的洞察，让我们看到了基督教在西方人精神生活中的地位，看到了基督精神对文学艺术创作的内在影响。这一影响深刻而普遍，以至于成为西方文学最重要的一种文化精神。正如论者所说，重视人的精神与灵魂，重视对彼岸价值世界的追求，强调理性对原欲的限制，是希伯来——基督教文学之文化价值观念的主导倾向。这种尊重理性、重视灵魂生活、崇尚自我牺牲和忍让博爱的宗教人本意识，与古希腊——罗马文学张扬个性、放纵原欲、肯定人的世俗生活和个体生命价值的世俗人本意识，共同构成了后世西方文学之文化内核相

辅相成的两个面。(蒋承勇：《世俗人本意识与宗教人本意识的对立与统一》，见《文艺研究》2003，第4期)

走出文本反思这场惊心动魄的灵魂之战，我们清醒地知道这是作家雨果为拯救世故人心而精心设计、导演的精神戏剧，这里体现了作家的良苦用心。当然，用"上帝"作为资本主义制度的救世良方，试图借此消除资本主义的社会罪恶，无疑是太可笑了。以现代人的政治常识，中学生就可以嘲笑它、否定它。然而，我以为它的价值不在社会政治层面上，而主要在于精神生活层面上。

任何时代任何社会里的任何人，身在俗世，心灵总不免有沉沦或走进深渊（或干脆就在深渊中）的时候，沉沦或身处深渊的人免不了心灵的折磨和斗争，这时候想一想冉阿让，会让我们的灵魂世界投射出一片阳光，在心灵的天平上，自然会加重一些为善的砝码，因而有助于我们作出向善的人生选择。社会不可能指望人人都成为冉阿让，但应该呼吁人人都钦敬冉阿让。让人人都去模仿、效法冉阿让是不现实的，但鼓励人们学习、向往冉阿让却是应该的。有这样一个圣者与你一路同行，在你心灵陷入迷途之时，他可以随时校正你的人生方向。

时代已经进入了所谓的"后现代"，再来谈冉阿让式的心灵朝圣、灵魂救赎，还有意义吗？当然有。而且正因为"后现代"文化忽视灵魂、蔑视神圣、精神迷茫，才更需要讨论心灵朝圣和灵魂救赎。人，只要还是人，就绝对少不了精神的支撑，精神的超越；否则，如果仅仅只有物质和肉体，与一般动物何异？！

（十一）聂赫留朵夫：从犯罪到赎罪的"复活"之旅

聂赫留朵夫是俄国文豪列夫·托尔斯泰最后一部长篇小说《复活》（汝龙译，人民文学出版社，1979）的男主人公。

《复活》被公认为是托尔斯泰世界观转变后创作的最重要的作品，是他晚年思想与艺术探索的结晶。关于这部小说的思想内容，历来的文学史都是从社会政治视角进行评价,认为作品当时对社会生活中一切虚伪、荒谬与不人道、不道德的东西进行了无情的、毁灭性的揭露和否定;对沙皇俄国时代的一切国家制度作了激烈的批判。小说的消极面是宣扬不以暴力抗恶,主张宽恕,这些拯救社会、拯救人类的道德药方,是空想的和虚幻的,对无产阶级革命具有消极作用。从社会政治视角看,上述评价应该说准确的。但是,对这部世界名著的探讨,只能用社会政治视角吗?当然不是。这里,笔者想从人生、人性视角对《复活》作一些新的思考。

从人生视角读《复活》,笔者感兴趣的是男主角聂赫留朵夫内在的精神生活,是他由纯洁到沉沦到犯罪再到复活的完整的心路历程。这是一个具有道德感的人偶然犯罪导致心灵严重不安,而后千方百计真诚赎罪追求心安的过程。当然,聂氏的心路历程肯定有其特殊性、偶然性的一面(这些与他的出身、经历、他所生活于其中的特定的时代和社会等因素有关),但毫无疑问,也有其普遍性、普适性的一面。因为,时代和社会可以不同,具体的人生际遇可以不同,但是,如何面对诱惑的问题却是共同的。面对诱惑,就有一个沉沦(乃至犯罪)与否的问题;沉沦之后又有能否"复活"的问题。由此看来,聂氏所面临的问题其实是所有人(起码是许多人)都可能面临的问题。因此,考察一下聂的精神之路,对于现代人或许不是多余的。

1. 聂赫留朵夫是怎样走向沉沦的——成长的干扰

(1) 圣洁的青春

在托尔斯泰笔下,聂赫留朵夫青年时曾是一个纯洁善良、道德高尚的人。他从所受教育中独自领会了生活的全部美丽和重要,领会了人在生活里所应该做的工作的全部意义,看到了人本身和全世界都有达到无限完美的可能,因此专心致志于这种完美,不但满怀希望,而且充分相信能够实现他所想象的全部完美。一句话,他崇尚完美,追求完美,视"完美"为他的精神信仰。在他心里,真诚地把为道德的要求所做的牺牲,视为最高精神快乐。

在男女关系方面,他一派天真无邪,纯洁得可爱。他姑姑家的女仆卡秋莎·玛丝洛娃纯真活泼,热情开朗,唤起了他的爱情。只要看到卡秋莎,一切就都变得有趣,快活,有意义。甚至只要想到世上有卡秋莎这样一个人活着,他就无比快乐。他对卡秋莎的爱慕,仅仅是潜意识中的,"如同一般纯洁的人一样,聂赫留朵夫连自己也不知道就爱上了卡秋莎,他的爱情无论对他自己还是对她,就都成了避免堕落的重要保障。他不但没有在肉体上占有她的欲望,而且一想到居然能够跟她发生那样的关系,反而感到害怕。"(《复活》第64页)

(2) 成长的干扰

然而,仅仅三年过去,聂赫留朵夫就完全变成了另一个人。原先他是诚实而富有自我牺牲精神的青年,乐于为一切美好的事业献身;如今他却成了荒淫无度的彻底的利己主义者,专爱享乐。原先女人显得神秘而迷人,如今他认为无非是一种他已经尝试过的享乐的最好的工具。原先他不需要钱,母亲给他的钱连三分之一也用不完,可是现在母亲每月给一千五百卢布,他还是不够用。原先他认为他的精神的存在才是真正的我,如今他却认为他那健康而活泼的兽性的我才是他自己了。

为什么会发生如此大的变化呢?叙述人交代的原因,首先是因为他已经不再相信他自己而开始相信别人。他感到相信自己,生活下去过于困难,不利于他那追求享受的兽性的我;而相信别人则与之相反。换句话说,坚守自我、坚守崇高纯洁的精神追求,就不能使本能性欲望得到满足,他由于年轻,抵挡不了享乐的诱惑,终于放弃了高尚的精神生活。

另一个原因是,"他相信自己,就总是遭到人们的责难,而他相信别人,倒会博得他四周的人们的赞扬。"(《复活》第64页)

比如,他思考上帝、真理、财富、贫穷等问题,他周围的人却认为这不合时宜,迂腐可笑。可是等到他看小说,讲猥亵故事,大家倒都称赞他,鼓励他。每逢他认为必须节减用度,不再喝酒,大家就认为这是脾气古怪,标新立异;可是临到他花大钱置办猎具,铺张奢侈地生活,大家反而称赞他风雅。他本来保持着童贞,打算照这样保持到结婚的那天,他的亲属却为他的健康担忧。他母亲听说他从同事手里抢夺女人,她不但不难过,反而高兴。聂成人后认为拥有土地是不公正的,因而把从父亲名下继承来的田产送给农民,这一举动使他的母亲和亲属大惊失色,从此他成为一切亲戚责难和讥笑的对象。可是等到他大肆挥霍和赌博花掉很多钱时,他母亲不但不心疼,反而认为这是人之常情。

起初,聂极力硬顶,然而这种硬顶过于艰苦,环境力量过于强大,最后他屈服了,不再相信自己而相信别人了。他否定了自己,开始还觉得不愉快,但没过多久,他就不再感到不愉快,反而感到轻松了。他开始吸烟喝酒尽情享受。

后来,聂赫留朵夫加入了禁卫军,这是只有家财豪富、门第显贵的军官才能加入的特殊团体。在这里,除了一些例行公事、装模作样的所谓工作之外,就是跑到军官俱乐部里或者最昂贵的饭馆里去吃饭,喝酒,然后就是戏院、舞会、女人。这样的生活对军人起一种特别厉害的腐蚀作用,从此他开始堕入利己主义的疯魔状态中。

叙述人(这里可等同于作者)分析的聂走向沉沦的两个原因中,一个是主观的——坚守精神追求的意志不坚定;一个是客观的——恶劣的环境影响太强大。当然这两个原因是相互关联的。这两个原因中,作者显然更强调后者。

对聂"沉沦"原因的分析,其实来自托尔斯泰自身的切身体验。托尔斯泰在《忏悔录》中叙述过自己年轻时几乎与聂赫留朵夫相同的精神历程。他回忆道,青年时代,"我真心诚意想做一个好人,但我年轻,有多种欲望。当我追求美好的东西时,我茕茕一身,十分孤单。每当我企图表现出构成我最真诚的希望的那一切,即成为一个道德高尚的人,我遇到的是轻蔑和嘲笑;而只要我迷恋于卑劣的情欲,别人便来称赞我,鼓励我。虚荣、权欲、自私、淫欲、骄傲、愤怒、报复——所有这一切都受到尊敬。沉湎于这些欲望,我就像一个成年人了,我便感觉到别人对我是满意的。""在打仗的时候我杀过人,为了置人于死地而挑起决斗。我赌博,挥霍,吞没农民的劳动果实,处罚他们,过着淫荡的生活,吹牛撒谎,欺骗偷盗、形形色色的通奸、酗酒、暴力、杀人——没有一种罪行我没有干过,为此我得到夸奖,我的同辈过去和现在都认为我是一个道德比较高尚的人。"(列夫·托尔斯泰:《托尔斯泰忏悔录》第12～13页,华文出版社,2003)

(3) 在考验中成长

艺术中的聂赫留朵夫和生活中的托尔斯泰,青年时本来都是善良纯洁、正直无私的,然而后来,他们都曾走向过沉沦。他们的演变难道是个别的和偶然的吗?当然不是。因为,考察历史,我们发现,聂氏的生活轨迹曾经在一代代人身上发生过;观察现实,这一过程仍然在许多人身上发生着;由此预测,将来这一历程还会在一些人身上重演。也就是说,聂氏的精神演变过程有着某种普遍性和概括性,这里蕴含着一个人成长过程中某些规律性的东西。

一个人的成长,从某种意义上讲是没有终结的,永远处于一种未完成状态。但从历时性角度看,大体可以划分为几个阶段:出生——接受教育(学校的、书本的、家长的)——走向社会。当然,这种划分只是相对的。学校教育、书本教育相对比较单纯、透明,向学生灌输的是人类文明的精华,是真善美的理念,是纯洁崇高的道德精神。而此时受教育者的心灵基本上是纯净的一张白纸,最容易接受老师和书本灌输的一切,让学校教育抢先画上最新最美的图画。聂氏纯洁向上的道德观念,正直热情的灵魂,正是在这一阶段形成的。

然而人总有一天是要离开学校走向社会的,即使在接受书本教育的同时,也总是免不了与社会相接触的。社会远远不像学校、书本那样单纯,社会的特点是"混沌",是"复杂",是善恶交织、美丑并存。社会上流行的时尚、观念、舆论等像空气一样充溢于每一空间,人们的一举一动、一言一行、一呼一吸,无不受到它的强大影响。这种情况下,从学校、书本中得到的单纯透明的精神理念,往往敌不过浑沌复杂的生活本身的力量,尤其敌不过生活中某些"恶"的力量。因为"恶"与人性中本能性欲望相通,往往具有强大的"魅力",能征服并控制生活中的一些人,形成一种潮流肆虐横行,让单纯透明的青年人抵抗不了它的诱惑,不得不缴械投降,并随之心安理得地陶醉于其中。聂氏走的就是这条路,他沉沦的过程其实就是社会中"恶"的力量战胜他心中"善"的力量的过程。

聂赫留朵夫的沉沦,自然有其特殊的原因——沙皇俄国时代社会的黑暗,贵族圈子里道德的堕落与腐化。但排除这些特殊原因,我们从人生、人性角度,得出的具有普遍意义的结论是,一个人成长的环境永远不可能是纯净单一的,一个人成长的道路永远不会是笔直平坦的,而是必然会受到外部和自身内部某些导致人走向沉沦的因素的干扰。这种干扰是必然的而不是偶然的,是普遍的而不是特殊的,是超越时空的而不是特定时期的。因为,谁也不可能将社会和人心内部那些干扰因素排除干净。从人性的角度看,人性中"恶"的因素来自本能;从人生角度看,人间戏剧注定有各种角色,真善美与假恶丑相互依存,相伴相生,没有了一方另一方也就不存在。本真生存总是混沌的、复杂的。这是唯一的世界,舍此绝不可能另有一个纯净、单一的世界。正所谓人间是天堂的地狱,人间是地狱的天堂,无论天堂还是地狱其实都在人间。

"世界"的这种性质,决定人的成长必然会受到干扰。为了人的健康成长,社会方面应该尽可能地净化、优化环境,为人的成长提供优越的客观条件;从个人方面讲要有抗干扰的自觉意识和能力。人的成长过程说到底其实就是一个经受干扰,在干扰中经受心灵的冲突与磨难,最终战而胜之的过程。不经受干扰的成长是绝对没有的,或者说,未经考验的成长是靠不住的。欧洲小说中从修道院里出来踏入社会的女孩子,没有不上当受骗、饱受磨难的。因此,不能期求纯净,不能害怕干扰,不能躲避考验。圣徒是经过地狱、炼狱才成为圣徒的,健康理性的人是在战胜了各种各样的诱惑才成长起来的。

艺术中的聂赫留朵夫和生活中的托尔斯泰,都经过了漫长的精神跋涉,战胜了各种各样的诱惑,走出了沉沦,一步一步走向精神高地,灵魂完成了由沉沦、犯罪、到"复活"的朝圣历程,从而给我们留下了不尽的启发。

2. 聂赫留朵夫是怎样"复活"的——心灵的朝圣

(1) 决心忏悔

沉沦后的聂赫留朵夫变成了彻底的利己主义者,成了兽性情感的俘虏,终于在姑姑家诱奸了玛丝洛娃,然后塞给她一点钱一走了事。十年后,鬼使神差,阴错阳差,上帝又安排他们在法庭上见面。在这种特殊的场合下相见,聂心灵上受到极大震撼。十年前,当他犯下那桩罪恶时,他从心里知道自己的行为极其恶劣,卑鄙,残忍,从此不敢正眼看别人。然而为要继续理直气壮地生活下去,他只好不去想它。忘却帮了他的忙,使他获得了心理平衡。然而现在,惊人的巧遇使他想起了一切,一下子把他从忘却和自我欺骗中硬拉出来,逼着他承认自己残忍,卑鄙。经过内心激烈的自我辩论,他终于承认自己就是坏蛋、流氓!"随他们爱怎样评断我就怎样评断我好了,我能够欺骗他们,可是我欺骗不了我自己"。

既然如此,他就下了最大的决心,不管付出什么样的代价,也要从虚伪的自我欺骗状态中走出来,用实际行动去赎自己的罪恶,拯救自己的灵魂。对玛丝洛娃,他要尽一切努力来减轻她的厄运,如果必要的话,他就跟她结婚。下决心后立刻付之于行动,他开始为平反玛丝洛娃的冤案而四处奔走,直至枢密院和沙皇那里,最后以失败而告终。

聂赫留朵夫这样做,确实付出了巨大的代价。首先是名誉的损失。聂赫留朵夫身为公爵,他所生活的贵族圈子极为重视自己的名誉,把它看得比生命还重要。但他毅然冲破这层心理障碍,宁愿忍受舆论的讽刺和嘲笑,也要坦白承认自己的罪过。他不再顾及所谓的面子,坦然地面对一切人。其次他拒绝了一门所谓门当户对的婚姻——一位公爵女儿在执着追求他。再次,为了随玛丝洛娃流放,他到乡下果断处理了自己的田产,或放弃或最大限度地让利于农民。还有,他真的放下贵族架子,结束以往荒淫奢侈的生活,真心诚意地随玛丝洛娃一起来到生存条件极为恶劣的西伯利亚。一路的疲惫劳顿,物质条件的简陋艰苦,他从无怨言。终于,他的真诚有了回报。玛丝洛娃理解并宽恕了他,重新爱他,为了他而改掉了所有恶习,同样为了他而不愿接受他的牺牲。两人精神上都走向了"复活"。

(2) 反复与动摇

当然,聂赫留朵夫的心灵朝圣之路,也并不是一帆风顺的,而是经历了几次反复,几次动摇。

第一次动摇发生在他在法庭上看到玛丝洛娃,良心受到极大冲击决心忏悔之后。这时他一边决定悔过,一边犹豫:又不是只有你一个人这样,大家都是这样的,谁也没忏悔,我何苦呢?但精神已经觉醒的他,良心上饶不过自己,他知道不能因大家都这样而宽恕自己。

第二次动摇是在监狱里见到玛丝洛娃之后。那时的玛丝洛娃,认为世界上所有男人无非一伙好色之徒,想尽一切办法只是为了占有她,而她自己也应该反过来想尽一切办法利用他们,所以她第一次与他相见就提出要钱,只是为了买酒喝。这时的她已丧失了人的一切尊严,以前的她已经死去了。面对精神死亡了的玛丝洛娃,聂赫留朵夫犹豫了。他想,为这样的女人牺牲自己值得吗?你去救她,无非是把一块石头吊在自己脖子上,这块石头会把你活活累死。你不如把身边的钱统统给她,从此一刀两断,岂不更好?

第三次动摇是在他为玛丝洛娃的案子而到彼得堡活动之时。贵族圈子里各种生活让他感到舒适、惬意,这使他忽然对自己目前所做的一切感到怀疑:"我要到西伯利亚去,这我做得对吗?我丢掉了我的财产,这我做得对吗?"(《复活》第 395 页)"万一这一切都是我的胡思乱想,我没有力量照那样生活下去,我对我做得对的事后悔了,那可怎么办?"(《复活》第 396 页)他没有力量解答这些问题,心里苦恼而绝望。

第四次动摇是在他听说玛丝洛娃在医院同一位医生调情的事(事实上玛丝洛娃是冤枉的)之后。他想,像自己这样一位上流社会的人,任何一个出身高贵的姑娘都会认为嫁给他是一种幸福,他却情愿做这样一个女人的丈夫,可是她呢,不但不感恩,反而越变越坏。既然这个女人已经无可救药,我还要跟她拴在一起吗?还有必要为她做出如此重大的牺牲吗?既然她有了这种行为,我岂不是自由了吗?随她去吧!"在他的灵魂里,两种感情,恶与善的感情,受了侮辱的自尊心与对这个受苦的女人的怜悯心,正在交战。结果,后者战胜了。"

就这样,在以实际行动忏悔和赎罪的朝圣路上,虽然他有过一次次短暂的犹豫和动摇,有过激烈的内心搏斗,但每一次都是善战胜了恶。经历一次反复,他的决心也就愈发坚定一次,终于完成了灵魂的"复活"。

(3) 为了上帝

这是一个极为艰难的长途跋涉的心灵历程,是什么力量吸引着、支撑着聂赫留朵夫把自己的灵魂越来越"提高到他从未经历过的高度上去"的呢?

毫无疑问,是因为他有坚持要过纯洁高尚心灵生活的精神追求,而追求的目标是走向上帝。与一般贵族不同,聂始终把道德上的自我修养看得极为重要,这是他能走向上帝的内在根据。为了追求纯洁高尚的精神生活,就在他经受诱惑,走向沉沦乃至犯罪的时候,他仍然会在内心深处自我反省。他把这种反省称为"灵魂的扫除"。

所谓灵魂的扫除,指的是经过一段时期以后,忽然,他感到内心生活疲沓了,有时甚至停顿了,就着手把堆积在他灵魂里的垃圾统统清理出去。在他的心灵深处,良心所要求他过的生活和他的实际生活,或者说他希望自己成为一个什么人和实际上他是一个什么人之间,始终形成一个张力场。张力场的一端是沉沦中的他,另一端是上帝。

例如当他第一次心灵搏斗,即决定是否承认自己的罪恶,是否公开以自己的实际行动为自己赎罪时,他心中一种力量告诉他,算了吧,你不承认别人也不知道;另一种力量告诉他必须忏悔,否则灵魂不得安宁。为了善的一面能胜利,他向上帝发出请求:"主啊,帮助我,教导我,到我的心里住下,清除我心中的一切污垢吧!"(《复活》第139页)他这样祷告的同时,他所要求的就已经实现了。住在他心里的上帝,已经在他的思想感情里醒过来。他感到了上帝的存在,因此不但感到自由、勇气、生活的快乐,而且感到了上帝的全部威力。此后,在他每一次动摇之时,上帝都及时出现,帮助他,引导他。他感到他的心仿佛放在天平上,只要稍稍加一点力量上去,就能使天平往这一边或者那一边歪过去。而这时他向灵魂里的上帝求援,上帝总是立刻响应他。他觉得在上帝面前,凡是人能做的最好的事,一切最好的事,他自己都能够做到。他认为他所做的一切不是为了别人,也不是为了自己,而是为了上帝。事实证明,他的确做到了,他没有辜负上帝的期望,他终于在灵魂上成为一个圣者。

通过《复活》的艺术描写我们知道,聂赫留朵夫的所谓上帝,其实并不是一个有意志、有实体的人格神，而毋宁说是一种纯洁完美、至高无上的精神偶像。这种意义上的上帝不能为人谋现实的福利，不能显现什么圣迹，而是存在于人的内心之中，你追求它，它就存在，你放弃了追求，它也就不存在。说到底其实是人自己，是人自身精神追求的人格化，是一种纯洁道德的象征。

3. 聂赫留朵夫"复活"的精神价值——虽不能至，心向往之

看到这里，不知读者诸君对聂氏的心路历程有何感想。也许有人会说，聂的为人简直太好了，他的精神境界实在太高了，高得让常人高攀不上。既如此，那就别攀了，尤其在商品化、世俗化的社会里，谁还会那么傻呢？这种人早已失去意义了。

以上是笔者的猜测，以常情常理度之，大致不差。对此，笔者表示理解，但却并不同意。我是这样想的：诚然，聂的精神境界高于社会一般道德水平线太远，因而不具有普遍的比照、效仿价值，社会无法以他的境界来要求每个成员。但我们也不能据此就断言生活中就没有这种人。不多是肯定的，但不是绝对没有。退一步至一万步，就说不具有普遍仿效价值，也不能说聂氏形象就丧失了现实意义。恰恰相反，笔者认为，聂氏的真正价值不在于让人效仿，而在于让人仰望。"不现实"恰恰是他的优点而不是缺点，是他的真正价值和意义之所在。

道理其实很简单：一个人、一个民族、一个社会的精神需求是复杂多样的。既需要有切近生存的可以照着"做"的思想，也需要有远离生存的体现精神追求的思想。前者"实"，后者"虚"。前者具有付诸行动的实践价值，后者具有精神感召价值。在人类的精神坐标上，代表精神追求的思想，在水平的维度上，处在超前的位置上，表现为强大的吸引力，吸引人向着理想境界前进；在垂直的维度上，则处在超拔的位置上，表现为一种强大的提升力，提升人的思想不致向下沉沦与堕落。

现实生存的人每时每刻都在心中响着一个声音：怎么办，应该怎么办？这时候各种思想都会微笑着向你招手，争相哄劝，召唤你跟它走。就一般人的一般趋势而言，愿意往"低"处走，即愿意选择能为世俗生活的满足提供辩护提供根据的思想（聂赫留朵夫最初走向沉沦即如此）；但与此同时，人的内心深处同样也有追求卓越即往"高"处走的倾向（如聂氏坚持要过纯洁精神生活的愿望）。这就是人类虽然总是摆脱不了世俗（乃至庸俗）却又永远向往崇高的人性方面的根据。例如生活于后现代思潮中的西方人早已否定和蔑视了崇高和理想，他们在世俗的"平面"中感到了轻松。然而也正是这个轻松成为他们不能承受之"轻"，他们感到了空前的精神空虚，于是转而真诚地呼唤重建富有价值感的精神家园。

平心而论，聂氏的精神高度，平常人是很难模仿很难达到的，因而不具有规范行为的实践性，不具有广泛普及的现实性。但它的根本意义在于，作为一种精神境界虚悬于人们心上，无形中起着一种警示和提醒作用。古人说的"高山仰止，景行行止；虽不能至，心向往之"，指的就是这种作用。理想境界对人类思想具有强大的感召力、吸引力。有史以来人类就在理想境界的追求中一步步迈向文明的新台阶。对于理想境界，人类只能逐渐靠近却永远不能达到，它可望而不可及。说到底，理想境界本来就不具有现实性，它的设置原就是为了树立一个高远的目标，从而引出不断追求的过程。

仔细想一想人类历史上那些超拔高蹈的思想（如宗教），以及体现理想境界的文艺作品所起到的不都是一种感召作用吗？冉阿让的宽善情怀，平常人很难企及，但平常人一想起冉阿让，心灵中一般都会有所感动，都会不自觉地多一些同情心和怜悯心。聂赫留朵夫舍弃一切、追求道德自我完善的崇高行为，一般人也不容易做到。但心中有了一个聂氏作参照，当人做了错事时，大约会主动多一分自我谴责，自我忏悔，因而灵魂多一分净化。当然，这点变化可能不足以改变人的生活轨道，但有一点变化总比没有好。这就够了！一部小说,你能指望它救世么?！

总之,理想境界的价值就像是精神砝码,在心灵的这一端压上它,另一端就会从陷溺沉沦中逐渐翘起来,由一边倒变成相对平衡。我们完全可以肯定的是,一个心中悬着崇高境界并心向往之的人,与一个根本不知理想、崇高为何物而只是一味沉溺不知反省的人是绝对不一样的。自然界需要生态平衡,精神界也需要"心态"平衡。人类的精神构成中永远少不了高蹈超拔的思想。这样才能与世俗形成一个张力场,这才是健全的精神状态和心灵状态。只有一方面,精神天平必然失去平衡,导致精神病态。一个人如此,一个民族一个社会亦如此。——这就是笔者对聂赫留朵夫"复活"的精神价值的理解。

(十二)《心》的主人公:即使是胜利者,心若不安,生活就成了自我惩罚

1914年,日本作家夏目漱石在东京《朝日新闻》上连载他的小说《心》。这是他最重要也是写得最好的小说。两年之后他选择了死亡,笔下的主角即小说中那位"先生"的归宿成了作家自身归宿的预兆。当时的日本正值明治维新之后大正时期资本主义急速发展的阶段,传统社会的伦理日渐失去往昔的吸引力,工商社会新价值观的风气正在社会弥漫。社会转型与中产阶级的成长带来了个人权利的观念与个人主义思想同传统的伦理道德的矛盾。个人主义思想把个人选择和个人权利放在第一位,而传统的伦理道德则把自我牺牲的善放在第一位。夏目漱石自己也陷入深深的苦恼之中,他晚年的文学创作有一个很大的转变,就是认同"则天去私"的思想。《心》就是一本渗透"则天去私"思想的小说。夏目漱石要追问新旧之交的社会变化带给人们心灵以怎样的震荡,是道德心高于自利心还是自利心高于道德心?在遇到一个利己而同时伤害了别人——不论是有意还是无意——的进退两难的困境,应该如何

选择？从前也许不用经历如此天人交战的情形，因为答案很清楚。在传统的社会里，个人没有那么大的选择自由，许多事情是别人替自己安排的，婚姻有父母，营生有世代相传的农耕或家庭手艺，申冤有父母官。个人不必也不可能替自己的生活负那么大的责任。可是社会逐渐改变，时代不同了，个人在社会生活里扮演的角色也在改变，个人必须更大程度上替自己负责。就是说，社会给了个人更大的自由，同时也给了个人更大的责任：个人要独自面对那种进退两难的困境。夏目漱石敏锐地发现人生的难题，当然他没有把这种难题简单看成对错是非的问题，他虽然主观认同"则天去私"的思想，但也不认为有一个确凿无疑的答案。同时，有意回避社会背景的因素，有意把这类冲突处理成人类心灵永恒冲突，无论过去、现在还是将来，道德心与自利心的对话将永远存在。

  小说以第一人称口吻写，不过前后两个第一人称并不是同一个人。在"先生和我"及"父母和我"这两部分里，我是一个涉世未深、质朴纯洁的年轻人；而第三部分"先生和遗书"里，第一人称的我是全书真正的主角。如果说"先生和遗书"是通过主角对自己的爱情和婚姻作自我忏悔而"解谜"的话，那么，第一和第二部分则是全书结构上的"设谜"。那位年轻学生的观察可以证实，他的老师完全是一位现世意义上的善良的人，无罪的人。"无罪"和"有罪"在小说不同的部分构成了对话。当然，小说里"无罪"和"有罪"的对话关系，不是像陀思妥耶夫斯基小说那样明显出现在人物语言和思想里，而是隐藏在人物无声的行动之中。学生在海边沙泳场上认识了这位老师，发现这位老师是心地纯善的人，他对新认识的年轻朋友很好，只是眼睛里有一种异样的光，令年轻的学生觉得好奇。他想知道眼光里藏着什么故事。于是慢慢和老师接近，学生了解到老师每个月都去同一个地方给他一位已死的朋友扫墓。开始还不让学生陪着去，说一些让学生听不明白的话。比如，"爱情是罪恶"，"世上的女人，我只认识我的妻。其他任何女人都不会使我动心的。妻也觉得我是天下唯一的男人。从这种意义上说,我们应该是生来最幸福的一对"。学生心里事实与逻辑不吻合的疑团,天长日久,一一都解开了。原来老师年轻的时候,与他的一位好友同时爱上了房东小姐,房东小姐更倾心于他的朋友而不是他。但在恋爱尚不自由的年代,他却悄悄抢先一步向房东太太表白,要娶小姐为妻,房东太太同意了,遂成定局。他的朋友因此自杀身亡。他虽然如愿以偿,与小姐结婚,但此后良心的拷问一直使他的灵魂不得安宁。爱情是罪恶的,他应该幸福而没有得到幸福,多少年来,他就这样被罪恶感所缠绕,不能摆脱。在别人的眼里,他是幸福的,圆满无缺;在他的心灵里,他是不幸的,是罪孽深重的。终于有一天,他领悟到灵魂的自由是生命的第一要义,为了取得这种自由,他决定放弃现世的所有自由。

夏目漱石这部小说的深刻之处是不容易被意识到的。他所描写的冲突并不深奥难懂,相反却是太普通、太日常,以致人们承受不起这种普通和日常性,需要借助忘却从普通和日常的世界中逃避出来。因为良知往往具有严酷的拷问的性质,问题在于如果我们不逃避,我们将在多大程度上经受得起良知的拷问?《心》叙述的就是一个不逃避的故事,那个不逃避的人却付出了生命的代价。小说里的那位先生,是不逃避的人。他的恋爱和婚姻都在允许的范围之内,都在舆论可以接受的范围之内。可是,自由意志之间常常是相互冲突的,尤其是情感领域内。他的朋友终于出人意料地自杀了。这个无法料想的意外事件使他觉得自己是罪人——道德意义的罪人。他得到他梦中向往的女人,房东的小姐,可是他们日后的生活却笼罩上了无法抹去的阴影。朋友的自杀,虽然在他主观意志的控制范围之外,他不用承担任何的法律的责任,但这件事确实和他的主观意志有关,他的行为无意中伤害了别人,是一个悲惨事件的肇因。虽然在法律面前毫无问题,可是在良知面前问题永远存在:他的意志是不是善良的?随着岁月的流逝,这个问号由小变大，横在生命的面前。夏目漱石过人的地方是他发现了日常世界的非日常性，这种非日常性一样具有灵魂拷问的性质。日常世界之所以普通和日常，是因为我们沉迷其间，回避良知的拷问而显出它的日常面貌。一旦我们不回避，这个日常世界就有它惊心动魄的地方。

《心》在三角爱情的关系中展开了人的精神世界的永恒冲突：人主观欲望与普遍的良知责任的冲突。整部小说可以看成是欲望与良知的对话。当那位先生还在恋爱的时候，他对良知的意识还不是很强烈，他最重要的愿望是娶到意中人，也许他不知道良知的拷问会对他日后的生活产生如此重要的影响。当朋友自杀身亡之后，两者的冲突就带有悲剧的性质。它们之间是不能兼容的，欲望说服不了良知，良知也说服不了欲望。因为异性之间的真实相爱是排他的，排他性正是个人追求幸福的基础。可是，人们又不幸地生活在一个相互关联世界，排他常常导致对周围的人的感情甚至生命的伤害，种下悲剧的因。就像《心》的故事告诉我们的那样，在个人欲望引导下的对幸福的追求，本身就破坏了道德秩序的完整性，引起了良知的不安；良知出于对责任的承担，却又否定了欲望追求的幸福。先生在写给学生的遗书里说："我也觉得自己很幸福。但是，我的幸福却拖着一条黑影。"人的精神世界的复杂性在于他们的灵魂先天被分裂成两半，这两半同时站在生命最坚实的基础上各不相让。伴随生命的过程不断地对话，它们永远说服不了对方放弃立场，但还是要对话，还是要冲突，直到生命的终结。人既不愿意放弃他们在良知感召下对责任的承担，但同时又无力承担这副沉重的担子。因为他们不可能将相互不兼容的东西黏合在同一个选择里面，经验世界的具体性不可能配合人既不放弃良知又不放弃欲望的超越具体时空的幻想。当人们试图承担责任并同时真正追求个人幸福的时候，追逐幸福反过来变成对道德秩序的挑战；而承担责任又意味着放弃个人幸福。在进退两难的困境里是没有可能根本逃脱的,因为它正是人生存的真实困境。

夏目漱石的故事通过一个忏悔者的形象展示这种冲突。那位先生年轻时坚持个人欲望的原则,他希望得到幸福:他确实爱房东小姐。可是一场意想不到的悲剧过后,他陷入了苦恼,他怀疑他过去坚持的原则,他在反省,他站在普遍的良知责任的立场审视自己的过去。欲望与良知在对话,他年轻时的选择表示他较多地顺从了欲望,在他进入成熟的中年以后,悲剧早已成了不可更改的过去,时间不会倒转,朋友不会复活。但他每日都受到良知的拷问。小说所展示的灵魂的对话,实际上是在不同的时间段进行的。它表现为忏悔,对过往行动深深自责。小说在忏悔和自责中展示人的心灵的复杂性。对话达到最紧张激烈的时候,主角选择了终止生命的方法。

《心》写得深刻动人,夏目漱石有一种敏锐的目光把握人性。我们可以不同意他"则天去私"的思想,比如小说的结局多少有点复归传统的意味,但是,不得不承认作者写出了人性的深度,写出了把灵魂撕裂成两半的那种对话。实际上,古今中外那些涉及忏悔主题的作品,都有《心》的特点,通过灵魂的对话去表现忏悔的主题。在人的日常生活中,人们忙碌着各种各样的事情,有时候身体忙碌,有时候精神忙碌。如同海德格尔说的,"烦忙在世或烦神在世"。身体的忙碌和精神的忙碌完全夺去了人们对自己行为和灵魂进行自我观照的能力,夺去了人们内省的兴趣。日常生活的劳碌奔波,烦忙(与他物打交道的存在状态)或烦神(与他人打交道的存在状态)的无聊平庸,使人们倾向于回避灵魂的冲突。好的作品,深刻动人的作品,尤其是涉及忏悔主题的作品,表现灵魂对话的作品,通过灵魂对话的剖析,对世人的烦忙或烦神起着自我批判的作用,唤起世人对自身行为进行自我观照的兴趣,恢复世人对自身行为和心灵的自我观照的能力,让人们超越平庸和无聊,摆脱劳碌奔波,回到灵魂的自由天地,回到我们内心最真实的情景。

——录自刘再复、林岗:《罪与文学》第103~108页,中信出版社,2011

(十三) 辛德勒:良知指引,从纳粹虎口中救出一千多名犹太人

奥斯卡·辛德勒是电影《辛德勒的名单》中的主公,《辛德勒的名单》是美国著名导演斯蒂芬·斯皮尔伯格执导的一部以真人真事为依据,充满理性与激情的纪实化风格影片,该片获1993年度第66届奥斯卡金像奖最佳影片,最佳导演、最佳编剧等6项大奖。

辛德勒是德国企业家,1939年9月德军占领波兰,辛德勒随之来到波兰扩展他的生意。德军命令波兰全境犹太人必须集中到克拉科夫进行登记,辛德勒跟着来到此地。此时的辛德勒是一个精明的商人,一个忠诚的纳粹分子,为了能与德国军官建立联系,他刻意戴上纳粹胸章;为了获得商机他在酒会上为军官们埋单,用各种交际手段贿赂他们,很快和他们交上朋友,成了军官眼中的红人。辛德勒这样做是为了争取更多的赚钱机会,而不是为了救人。作为商人,影片把他唯利是图的形象表现得非常充分:他雇用忠诚能干的会计师斯泰恩(犹太人)当他的助手,会计师雇用了生活艰难的独臂老人,当独臂老人向辛德勒表达感谢之情时,辛德勒不但不高兴还很生气地责备斯泰恩竟瞒着他雇用了残疾人;一位犹太姑娘乞求辛德勒收留她父母到工厂,他断然拒绝:"我只雇用能替我干活的人,我只在乎他们有没有专业技能,你的请求是违法的,你休想陷害我。"可见,此时的辛德勒是一个典型的商人,他雇用犹太人只是因为犹太人的廉价。他所关心的,只是如何快速、有效、安全地挣钱。此外,影片还告诉观众,辛德勒还是一个贪图享乐、风流好色之徒。他经常出现在德国军官的酒会上;招聘打字员时看见年轻漂亮的姑娘就色眯眯的;他的妻子从德国赶来看他时,正好撞见他的情妇在他的住所,妻子一离开,他马上又和情妇寻欢

作乐。总之,影片开头部分的辛德勒是一个令人讨厌的负面形象。

但是,唯利是图的辛德勒,面对惨绝人寰的战争,内心受到极大的震撼,法西斯纳粹军人血淋淋的杀戮犹太人的现实促使他人性深处的良知开始复苏,他的灵魂开始觉醒。

辛德勒刚开始建立工厂时对雇用独臂老人感到气愤,但是当独臂老人被纳粹军官枪杀时,他却跑去和他们理论,声称他们枪杀了他的一位非常重要的技术工人。他的这一行为体现了对生命的尊重和对纳粹军官滥杀无辜的气愤,让观众体会到商人辛德勒的性格中有着其他纳粹分子没有的正义和善良。但是,真正促使辛德勒人性复苏的契机是一个身穿红衣服的小女孩的悲惨遭遇。影片的剧照之一显示了一只大手拉着一只小手,小手臂上露出一截红色的衣服袖子,暗示着那是个穿红色衣服的小女孩。《辛德勒的名单》整部电影都是以黑白为主色调,凸显了战争的灰暗以及战争给人们带来的心理阴影,影片中唯一的彩色是小女孩穿的红衣服。当时,辛德勒和情人正在山上游玩,城内的枪声吸引了他的注意,他看到德军正在驱赶并屠杀犹太人,到处是枪声和哭喊声,他表情凝重,内心受到极大震撼。这时,一个身穿红衣服的小女孩出现在纷乱的人群中,小女孩身后密集的枪声让辛德勒内心深为不安,他感到了小女孩的绝望和无助。小女孩的命运牵动着他的心,他紧张地盯着小女孩的一举一动,直到亲眼看到她安全躲到一间屋子里,这才忧心忡忡地离开。但是,等他再次看到那鲜艳的红色时,小女孩已经死去,正躺在运尸车上被送往焚尸炉。当时由于腐烂的尸体和焚尸发出的恶臭,辛德勒用手帕捂住口鼻,当看到那个熟悉的红色在运尸车上晃动时,辛德勒顿时身体像被电击了一样,捂住口鼻的手放了下来,因极度震惊张大了嘴巴,眼睛里流露出愤怒、内疚的表情。一个鲜活的生命在他面前逝去了,他的心灵受到巨大震撼,从此坚定了拯救犹太人的决心。

影片中,从独臂老人进入工厂起,辛德勒就知道斯泰恩在偷偷地把那些没有什么劳动能力的犹太人弄进自己的工厂，以躲避纳粹军官的迫害。对此，辛德勒大发雷霆，不能接受，但是当斯泰恩解释不这样就会被党卫军杀死时，他理解并接受了斯泰恩的安排，还常常把身上的贵重物品送给斯泰恩让他拿去贿赂德国军官以换取更多犹太人的生命。辛德勒逐渐意识到自己的工厂已经成为犹太人小小的庇护所。不过，这些还不算是他主动拯救犹太人。真正决定保护犹太人的行为是在他看到红衣女孩的尸体受到震撼后，面对斯泰恩，他的眼角一直噙着泪，看着自己赚得的一箱箱钞票，他毅然决定用这些钱来换取犹太人的生命。为了能够拯救更多的犹太人，他以重金贿赂纳粹官员，递交自己工厂运转"必需"的一千多工人名单，从纳粹手中挽救了这一批犹太人的生命。当他意识到自己的行为已经受到纳粹军官的怀疑时，仍然不惜一切代价，甚至不惜甘冒生命危险。当一列运送女工的火车错开到奥斯维辛时，他花掉一大笔财产贿赂看守军官，恳求他们放人，终于把即将进入焚尸炉的三百多名妇女和儿童抢救下来，拉回自己的工厂。为了防止此类事情发生，他向德军士兵训话，不许他们随便开枪杀害自己工厂的犹太工人。

为了阻止德军对犹太人的伤害，他故意让自己工厂生产的枪支弹药全都不合格。与此同时，他花了数百万马克接济工人以及对官员行贿。不断的付出，付出，他的财务出现危机，工厂濒临破产。

德国法西斯终于无条件投降了。辛德勒宣布工人们可以回家寻找亲人了，他还劝守厂的德国兵尽快返家，不要再当刽子手。之后，辛德勒提议默哀三分钟以纪念无辜被杀害的人。临行前，他让会计把厂里的财产分给贫穷的工人们。工人们无比感动，用从牙齿上取出的金子打铸成一个质朴的戒指，上面用希伯来文刻了一句经文：凡救一命，即救世界。长老代表全体工人写了封信交给辛德勒，说："万一你被捕，上面有我们所有人的签名。"

辛德勒面对被他救下的工人们热泪盈眶，诚恳地说："我应该再多救出一些人,如果我的生活不那么奢侈……可我太荒唐挥霍了……"斯泰恩代表工人向他表示感恩,说由于他的保护,1100多名犹太人活了下来,他们和他们的后代将永世不忘辛德勒的恩泽。

临别的一幕非常感人。辛德勒反复地检讨自己:"我做得太少了,……我真后悔,我本可以多救一个人,却没有啊……"辛德勒泣不成声地伏在斯泰恩的肩上跪了下来,工人们纷纷上前抱住他们的救命恩人。辛德勒走了,人们久久尾随着,目送着他消失在远方……

辛德勒冒着生命危险从死亡线上解救犹太人的举动是感人的。他之所以如此,无疑是因为他内心的良知——他把良知看得高于生命。在无辜的生命惨遭涂炭之时,他的良知看不下去,不能忍受,因而促使他站出来反抗恶人保护弱小,否则心灵不安。这不是别人要谴责自己,而是不这样做自己会谴责自己;他害怕的不是别人的审判,而是自己内心对自己的审判。他是有信仰、有原则,视灵魂生活为至高无上的人。心灵的原则决定了他现实的行动。其结果是,从外在看,他拯救了一千多犹太人;从内心说,他借这一行为拯救了自己的灵魂,他成为一个问心无愧的人。

(十四)《泰坦尼克号》人物群:人类良知的典范

1912年4月10日,当时全世界最大的邮轮泰坦尼克号从英国出发了,几天之后撞向冰山,沉没于大西洋幽深的海底。事故发生80多年之后的1997年,著名导演詹姆斯·卡梅隆将这一20世纪最大海难搬上银幕,在全世界观众中产生了震撼性效果。人们震撼于其高科技的逼真效果,震撼于电影艺术方面的大叙事与大制作,震撼于灾难的规模及惨烈程度,震撼于可歌可泣的浪漫爱情,而笔者观影时,除了对上述震撼的感受外,尤其震撼于灾难面前,或准确地说是死亡面前人类的良知,震撼于人类良知所表现出来的伟大人格及崇高的精神境界。

大难临头,死神就在眼前,是考验人性的极致情景,是人性中的黑暗、丑陋最容易赤裸裸暴露的时刻,尤其是两千多芸芸众生萍水相逢、偶然凑集在一起的时候。然而,我们看到了完全相反的情景,影片中人们在死亡面前的表现完全出乎常情常理下的预料——震撼由此发生。

请看灾难发生时人们是怎么表现的吧!

在1912年4月14日那个恐怖的夜晚,泰坦尼克号上共有705人得救,1502人罹难。38岁的查尔斯·莱特勒是泰坦尼克二副,他是最后一个从冰冷的海水中被拖上救生船、职位最高的生还者。他写下17页回忆录,详述了沉船灾难的细节。

他在回忆录中写道:面对沉船灾难,船长命令先让妇女和儿童上救生艇,许多乘客显得十分平静,一些人则拒绝与亲人分离。在第一艘救生艇下水后,我对甲板上一名姓斯特劳的女人说:你能随我一起到那只救生艇上去吗?没想到她摇了摇头:不,我想还是呆在船上好。她的丈夫问:你为什么不愿意上救生艇呢?这名女人竟笑着回答:不,我还是陪着你。此后,我再也没有见到过这对夫妇……我高喊:女人和孩子们过来!却没有几名妇女愿与亲人分离,我根本找不到几个愿意撇下亲人而独自踏上救生艇的女人或孩子!莱特勒回忆道:只要我还活着,那一夜我永远无法忘记!

当船尾开始沉入水下,我听到在那最后一刻,在生死离别的最后一刻,人们彼此呼喊的是:我爱你!我爱你!它,在向我们每一个人诠释着爱的伟大!最最重要的是:我要让你知道,我有多么的爱你!

亚斯特四世(当时世界第一首富)把怀着五个月身孕的妻子玛德琳送上4号救生艇后,站在甲板上,带着他的狗,点燃一根雪茄烟,对划向远处的小艇最后呼喊:我爱你们!一副默多克曾命令亚斯特上船,被亚斯特愤怒的拒绝:我喜欢最初的说法(保护弱者)!然后,他唯一的位置让给三等舱的一个爱尔兰妇女。几天后,在北大西洋黎明的晨光中,打捞船员发现了他,头颅被烟囱打碎……他的资产可以建造十几艘泰坦尼克号,然而亚斯特拒绝了可以逃命的所有正当理由。

为保卫自己人格而战,这是伟大男人的唯一选择。著名银行大亨古根海姆,穿上最华丽晚礼服:我要死得体面,像一个绅士。他给太太留下的纸条写着:这条船不会有任何一个女性因我抢占了救生艇的位置,而剩在甲板上。我不会死得像一个畜生,我会像一个真正的男子汉。

死难者还有亿万富翁阿斯德、资深报人斯特德、炮兵少校巴特、著名工程师罗布尔等,他们都把救生艇的位置让出来,给那些身无分文的农家妇女。

斯特劳斯是世界第二巨富,美国梅西百货公司创始人。他无论用什么办法,他的太太罗莎莉始终拒绝上八号救生艇,她说:多少年来,你去哪我去哪,我会陪你去你要去的任何地方。八号艇救生员对67岁的斯特劳斯先生提议:我保证不会有人反对像您这样的老先生上小艇。斯特劳斯坚定地回答:我绝不会在别的男人之前上救生艇。然后挽着63岁罗莎莉的手臂,一对老夫妇蹒跚地走到甲板的藤椅上坐下,等待着最后的时刻。纽约市布朗区矗立着为斯特劳斯夫妇修建的纪念碑,上面刻着这样的文字:再多再多的海水都不能淹没的爱。六千多人出席了当年在曼哈顿卡耐基音乐厅举行的纪念斯特劳斯晚会。

一名叫那瓦特列的法国商人把两个孩子送上了救生艇,委托几名妇女代为照顾,自己却拒绝上船。两个儿子得救后,世界各地的报纸纷纷登载两个孩子的照片,直到他们的母亲从照片上认出了他们,孩子却永远失去了父亲。新婚燕尔的丽德帕丝同丈夫去美国度蜜月,她死死抱住丈夫不愿独自逃生,丈夫在万般无奈中一拳将她打昏,丽德帕丝醒来时,她已在一条海上救生艇上了。此后,她终生未再嫁,以此怀念亡夫。

在瑞士洛桑的幸存者聚会上,史密斯夫人深情怀念一名无名母亲：当时我的两个孩子被抱上了救生艇，由于超载我坐不上去了，一位已坐上救生艇的女士起身离座，把我一把推上了救生艇，对我喊了一声：上去吧，孩子不能没有母亲！这位伟大的女性没有留下名字。后来为她竖了一个无名母亲纪念碑。

泰坦尼克号上的50多名高级职员，除指挥救生的二副莱特勒幸存，全部战死在自己的岗位上。凌晨二点一号电报员约翰·菲利普接到船长弃船命令，各自逃生，但他仍坐在发报机房，保持着不停拍发"SOS"的姿势，直至最后一刻。

也有不多的例外：细野正文是日本铁道院副参事，男扮女装，爬上了满载妇女和儿童的10号救生船逃生。回到日本被立即解职，他受到所有日本报纸舆论指名道姓的公开指责，他在忏悔与耻辱里过了10年后死去……

在1912年泰坦尼克号纪念集会上，白星轮船公司对媒体表示：没有所谓的海上规则要求男人们做出那么大的牺牲，他们那么做只能说是一种强者对弱者的关照，这是他们的个人选择。《永不沉没》的作者丹尼·阿兰巴特勒感叹：这是因为他们生下来就被教育：责任比其他更重要！

在生命面前，一切都是平等的，如果因为放开了爱人的手，选择一个人守着一堆散发着铜臭的遗产苟且地活着，人生还有何意义！不管是面对生死还是生命中的任何磨难，相爱的手永远都不会放开！

（泰坦尼克号——对人性与人格的无声诠释 文章提交者：剑之誓约 加贴在 社会聚焦 铁血论坛 http://bbs.tiexue.net/bbs68－0－1.html）

观看过《泰坦尼克号》的观众大概都不会忘记，除了上述二副回忆的场面外，在灾难发生的极端时刻，船上基督徒们庄严的圣歌和乐队乐手们镇静地演奏：

《上帝离我们更近了》被认定为泰坦尼克号沉没时，船上最后响起的宗教歌曲。在人们的回忆中,这首节奏舒缓,旋律恬静安然的宗教歌曲是牧师侯伯最先唱起的。侯伯牧师是应邀到美国芝加哥布道登上泰坦尼克号的。在船遇险之后,他马上把船上的几十名基督教召集到一起。大家手拉手围成一圈,侯伯牧师庄严地说:"弟兄姊妹们,我们随时都有生命危险。我们信主,有了永生的信念,不用惧怕。可是,船上还有不少没有信主的人,我们千万不要和他们争用逃生设备。"基督教徒们在侯伯的带领下,唱起了《上帝离我们更近了》的圣歌。歌声感动了船上的其他乘客,大家秩序井然地接受船上工作人员安排,让妇女儿童先登上救生艇。

  这个时候,船上的乐队领班哈特利和其他乐手站到他们身边,用手中的琴为表情凝重的基督教徒伴奏。在《上帝离我们更近了》的歌声中,锅炉爆炸、电力中断、船身断为两截,海水把这些基督教徒和乐手一起卷进大西洋冰冷的海水里。一支支从死境划向生途的救生船在乐手们脚下陆续离去,音乐没有停。甲板倾斜得越来越厉害,凄厉的哭喊和求救带着绝望在乐手们四周响起,音乐还是没有停。船体大部分沉陷在海中,海水漫过乐手们的脚面,音乐依然没有停……没有一个乐手走向救生船,没有一个乐手胆怯惊恐,他们专注地拉着琴,仍在一丝不苟地继续着他们的职业,尽心尽职地演奏着悦耳的乐曲,仿佛想以音乐来缓解人们的恐慌情绪。乐队面对惊慌逃散的人群,坚持奏完了最后一个曲子,直到泰坦尼克号彻底淹没在大海之中,那白色的水柱冲天而起……

  据灾后统计,船员有 76% 遇难,这个死亡比例超过了船上头等舱、二等舱和三等舱所有房舱的乘客死亡比例。船员在船上,比乘客更有条件逃生,但他们却把机会给了别人,把无望留给了自己。而且不是一个船员、两个水手这样做,而是全部 900 多名船员、服务员、烧火员以至厨师都是这样选择的;这么大的一个群体,能做到如此这般,今天看来,像那条巨船神秘地沉下去一样,这种永远高扬水面的人的精神,简直是个奇迹!

看了船上各色人等面对灾难的表现,哪个观众不感动?!感动!感动!除了感动,还是感动,以至于感动到我们没有话说。在这样一个群体面前,任何评述都不必有,任何评述都是苍白。让我们向他们表示最崇高的敬意吧!这里闪现出的是人类良知、良心、文明的光辉,在死亡面前,他们追求的是心灵的安宁,是灵魂的超越,而不是肉体的存亡。他们用神性战胜了似乎不可战胜的自然本能。

行文至此,完全是不由自主,电影蒙太奇一样,脑子里闪现出另一场灾难下完全不一样的画面:

1994年12月8日,新疆克拉玛依市教育局为欢迎上级派来的"义务教育与扫盲评估验收团"的25位官员,组织全市能歌善舞的中小学生796人在友谊馆剧场举办"专场文艺演出"。因舞台纱幕太靠近光柱灯被烤燃而引起火灾。当燃烧的火团不断地从舞台上空掉下时,克拉玛依市教育局的官员出来叫学生们:"大家都坐下,不要动!让领导先走!"

学生们很听话,都坐在自己的位子上不动;等上级领导与教育局所有在场的26个官员一个个"先走"之后,教师才开始组织学生撤离,但此时电灯已全灭,大火已蔓延到剧场四周,唯一的逃生之路已被熊熊火焰堵住!796名学生全部陷入火海,323人死亡,132人烧伤致残;死者中有288人是中小学生。在场的40多名教师,有36位遇难,绝大部分为掩护学生而殉职。

在场的克拉玛依市副处级以上官员有20几个,当时他们的位置离火源最近,离逃生门最远,竟"奇迹般"地无一人伤亡,走出剧场时个个衣冠楚楚!

看了这样的场景这样的画面,我们依然没有话说;只是,不是感动得没话说,而是愤慨激怒到无话说——其实也有话,只不过是极粗野的骂人话——算了,不骂也罢!本丛书名为"心何以安",我们真不知道那个呼喊"让领导先走",以及置学生死活于不顾,真的一个个仓皇"先走"的官员们"心何以安"?！真不知他们此生怎么再活下去?！不知道他们夜里还怎么能安睡?！如果他们还有灵魂的话,怎么有脸去面对几百名孩子的亡灵?！

世界上人与人的差别实在太大了！大到让你感到不可思议。史铁生先生曾说过:"人与人的差别大于人与猪的差别。人与猪的差别是一个定数,人与人的差别却是无穷大。"(史铁生:《病隙碎笔》第339页,人民文学出版社,2011)看了上文的对比,此话信然！

(十五) 哈罗德·弗莱:一个人的朝圣

哈罗德·弗莱是英国资深剧作家蕾秋·乔伊斯的小说《一个人的朝圣》(黄妙瑜译,北京联合出版公司,2013)的主人公,一个小酿酒厂的工人,既无朋友,也无敌人,默默工作40多年后退休,没有人告别和欢送,无声无息地悄然离开,和妻子住在乡间。他和妻子二十多年前就已不在一个房间住,两人形同路人,日子沉闷无聊,像一潭死水。

忽然一天早上,邮差送来一封信,是哈罗德在酿酒厂的女同事、朋友奎妮·轩尼斯寄来的。信中告诉他自己得了绝症,动了手术,即将离开人世,她向哈罗德和全家问好,向他告别。这封信给哈罗德带来极大的震撼,他心中恍然不知所措。回信的措词怎么着都感觉不合适,无奈只好淡淡地写几句投出去。在出去寄信的路上,他神思恍惚,错过了一个又一个邮筒而犹豫着不知该不该投。不知不觉间来到一个汽车加油站,一个女孩儿知道了他的事情后告诉他,她的阿姨得的也是癌症,癌症无处不在。女孩儿鼓励哈罗德对病人一定要积极点——"你一定要有信念。不能光靠吃药什么的。你一定要相信那个人能好起来。人的大脑里有太多的东西我们不明白,但是你想想,如果有信念,你就一定能把事情做成。"

哈罗德以为女孩儿说的"信念"是宗教的东西,说自己从来不信教。但女孩儿告诉他,她说的"信念"不是宗教,——"我的意思是,去接受一些你不了解的东西,去争取,去相信自己可以改变一些事情"。女孩儿的话对于哈罗德来说如醍醐灌顶,忽然感到女孩身上有一团光,他觉得自己从来没有见过这么简单的坚毅和笃定,即使他并不十分明白女孩儿说的信念是什么,但他感到女孩儿的话太对了,他觉得自己应该对垂死的奎妮作点什么,而一封不疼不痒的问候信实在是太不够了。那么做点什么呢?激动之中"没有深思熟虑,也无须理智思考",他毅然决定步行到奎妮所在的临终关怀疗养院去看望她。他给疗养院打电话说请转告奎妮,他正在来看她的路上,要她耐心等着他,他会一路步行去救她,要她一定要好好地坚持活着等他。打完电话后在信上加上"等我"两个字寄出了。

虽然是仓促而临时做出的决定,但却坚定不移地立即付诸实施了。他连家都没回,没有带长途旅行所需要的任何东西,如手机,地图,指南针,走远路的鞋,该换的衣服等,而且也没有大致的计划更没有具体的计划,就这么两手空空地出发了。他出发时只有一点是肯定的,他住在英国南方,奎妮在北方,反正一直往北走就是了。

由于没有任何准备,所以旅途中的困难可想而知。在这之前,哈罗德一生从未出过远门,退休后六个月连家门都没出过,他已经六十五岁了,浑身关节到处都是毛病,所以路上遇到饥渴、劳累、各种想不到的病痛,乃至于危险,自是不待言的。在艰难的旅途中,他也不止一次曾经想打退堂鼓,怀疑自己这样做到底有没有用,但是一想到自己对奎妮的承诺就又坚定了行走的信心。他一路上默念"你不会死的"这句话,"这句话就是他迈出的每一步,只是有时句子的语序会错掉。他突然意识到是自己的脑子兀自唱着'死,你,不会'或'不会,你,死',甚至只是'不会,不会,不会'。头顶上和奎妮分享着同一片天空,他越来越相信奎妮已经知道他正在赶过去的路上,她一定在等他。他知道自己一定能到达贝里克,他所要做的只是不停地把一只脚迈到另一只脚前面。这种简单令人高兴。只要一直往前,当然一定能抵达的。"

走在路上让哈罗德坚信奎妮就会活下来,想到这儿他的生命重新焕发生气,他觉得不费什么劲就可以爬上一座平时不敢想象的小山。他快乐地想象着自己终于到达时的场面,奎妮应该会坐在床边一张洒满阳光的椅子上看着他,他们会有好多话说,好多记忆。

在路上,他也曾担心奎妮会坚持不到他的到达,打电话给疗养院问情况。疗养院告诉他,奎妮没有家人,也没有朋友,没有牵挂的病人一般都熬不了多久,所以奎妮和疗养院的人都在盼着他的到达。奎妮自从知道哈罗德去看他,精神变化很大,一心盼着他的到达。哈罗德信心更加坚定,鼓励奎妮一定不要放弃,就算害怕,也要叫她一定要坚持,一定要活下去。

就这样,哈罗德咬牙坚持 87 天,行程 627 英里,从英国南部一路走到北部,终于在疗养院见到了奎妮,奎妮也终于等到了他。其时,奎妮已经不能说话,但心里非常清楚,非常满足,她抓着哈罗德的手平静而幸福地离开了这个世界。哈罗德终于完成了自己的心愿。

哈罗德为奎妮行走的一路旅程,感动了社会上好多人,他成了世人心中的明星,人们敬佩他的精神,赞赏他的行为。也有人跟着他走,但只有他一人坚持到底。他这一路行程,被世人称为"一个人的朝圣"。

为了让朋友心有所系,心有所恋,在这个世界上多活几天,而坚持步行走 87 天,在交通发达,尤其是人情浇薄的现代社会,确实是罕见的,值得赞扬值得敬佩的。这颗心的纯洁、坚韧,确实可以和宗教徒的热情相比,所以,被称为"朝圣"应该是当之无愧的。

哈罗德为什么有如此执着而坚韧的感情呢?难道仅仅是因为

他的善良,他对朋友的情谊吗？当然是,但又不全是。毫无疑问,确实有"善良"和"情谊"的因素,但细读文本可以发现,他的行为中还有更深层的原因,那就是,多年来他欠着奎妮一份人情,或者说他对奎妮怀着一颗歉疚之心,用叙述人的话说,是"一丝罪恶感驱使他继续往前走"。

什么事？他为什么歉疚？为什么有罪恶感？

事情是这样的:当年哈罗德在酿酒厂当推销员,奎妮是会计,二人经常一起出差。二人都寡言少语,但都很善良,他们互相关心,互相欣赏:哈罗德感受到奎妮诚实的朴素,心里视她为相交不深但亲切体贴的人;奎妮感到哈罗德是个正人君子,一个好人。因为奎妮没有家人,所以她时时关心哈罗德的孩子和他的家庭。有一次,哈罗德酒后失去理智,疯狂地闯到老板办公室砸碎了他的心爱之物,这是老板母亲的遗物,如果暴虐的老板知道了肯定会极严厉地惩罚哈罗德。这时候,奎妮主动站出来承认是自己扫地不小心弄坏的,然后老板立马把她赶走了,从此杳无音信,直至这次收到她的来信。这么多年来哈罗德心里一直感到非常后悔,后悔自己为什么当时不站出来自己承担,竟然让一个善良而无辜的女人为他背了黑锅。他一次又一次地问自己,奎妮当年为什么连再见都没说不辞而别,她不愿听到自己的感恩、感谢,更不愿听到自己的歉意吗？她实在是一心为他人着想而牺牲自己的人,一个牺牲自己而不求回报的人;奎妮的善良毫不张扬,是那么的低调和自然。这样一个对自己有情谊、有恩情的人,现在孤身一人在和癌魔搏斗,难道自己不该去探望她、安慰她,和她说一声感谢,告一声道别吗？这才有了哈罗德送信途中当机立断徒步看望奎妮的行为。关于这一点,哈罗德在给加油站的女孩儿的信中说得清楚:"大家都以为我徒步是因为多年前我们有一段罗曼史。但那不是事实。我走这条路,是因为她救了我,而我从来没有说过一句谢谢。"

奎妮对哈罗德的情谊和牺牲只有哈罗德自己知道,他自己对自己行为的悔意和对奎妮的歉疚，也只有他自己知道，这是一笔良心债，虽然奎妮丝毫没有以债主自居。不仅如此，奎妮越是没有意识到自己债主的身份，越是躲开他的感谢和歉意，这笔良心债对哈罗德来说越沉重——人家那么高尚了，你还能安心独享人家的牺牲而毫无反应吗！当然不能！所以当哈罗德听说奎妮病危的消息后，茫然不知所措中受他人的启发而断然决定徒步去救奎妮。他要以朴实、真诚、纯粹的友情给奎妮以精神上、心灵上的安慰，他要尽可能地挽留至少是延长她的生命，他要让奎妮感受到人间真情的温暖。——只有这样做了才配得上是奎妮的朋友，也才能获得良心上的安宁，否则良心会不安。

　　哈罗德徒步救奎妮的过程，实质上是一个以实际行动悔过的过程，一个灵魂寻求安宁的过程，一个道德自我完善的过程；其美好，其纯粹，不是宗教，胜似宗教，称为"朝圣"一点也不过分。在现代宗教衰退，道德滑坡，人心不古的时代背景下，更显得弥足珍贵。

　　奎妮和哈罗德是卑微而渺小的，同时又是高贵而伟大的。芸芸众生的小人物中蕴含着多少像奎妮和哈罗德这样的人啊！走笔至此，笔者心中充满温暖，真诚地向平凡而高贵的小人物们致以崇高的敬意！

下篇　心安于理得

得理方能心安

在中国,差不多人人都会用一个成语——心安理得,可见中国人是多么重视对心安的追求,也明白心安的来源——理得。"理"是心安的理由、源泉、根据、支撑,得理、占理、有理,心就安,否则心就不安。心安是结果,得理是原因。简言之,心安于理得。

由此说来,"理"就是心的家园,心的故乡,心的依托,心的支撑,那么"理"的内涵又是什么呢?

这里不想旁征博引,只想从古今中外人们都熟知的人,以及本书上述"追求心安的人"中列举的具体案例出发,看一看支撑他们"心安"的"理"蕴涵哪些内容。

一、对于群体而言,"理"的内涵是多元的

(一)首先是信仰

信仰是人的精神结构中至高至纯的东西,由于它的至高至纯因而可以产生巨大的精神能量,可以像天上北斗一样为人指引前行的方向,可以成为人的灵魂归宿和精神家园。

信仰又有不同类型。从社会文化角度看,首先是政治和社会方面的信仰,即坚定明确的政治理想,强烈的社会责任感和历史使命感。人类历史上历次伟大的社会变动,都是由无数仁人志士推动的,有的甚至为此献出宝贵的生命。如中国近代以来那么多的革命先烈为了中华民族摆脱屈辱历史,走上独立、富强之路,不惜抛头颅洒热血,前赴后继,就因为他们心中有崇高的政治信仰。如谭嗣同,戊戌政变失败后形势险恶,友人劝他暂避日本躲难,但他考虑后坚定地拒绝了。他表示"各国变法,无不从流血而成,今日中国未闻有因变法而流血者,此国之所以不昌也。有之,请自嗣同始!"最后英勇捐躯。也就是说,死,是他主动选择的;国家和民族利益至上,国家和民族才是他的精神家园,为此死了,心安;相反,如果逃避了,命保住了,但心不安了。对于精神强大的人,心安高于身安。

这样的例子不胜枚举,再说一个古希腊先哲苏格拉底的故事

吧！苏被当时的雅典政府冤判死刑，关进监狱等待执行。这期间，有朋友提出愿意帮他逃出去，可是他坚决拒绝了。苏格拉底一本正经地说："雅典政府以'妖言惑众'判我死刑，固然不合理，但是我如果逃狱而破坏了雅典的法制，那就等于以其人之'恶'还治其人，使我自己也错了。你要知道，两恶不能成一善。当我对一个制度不满的时候，我有两条路：或者离开这个国家，或者循合法的途径去改变这个制度；但是我没有权利以反抗的方式去破坏它。让雅典人杀我吧！我愿意做一个受难者而死，不愿做一个叛逆者而生。"说完仰头吞了毒药而死。（参见龙应台散文《难局》）苏的表现让一般人大惑不解。一，自己本来不该判死刑，被判死刑是冤案；二，有机会逃脱这一冤案，逃了合情合理，心理上不应该有任何负担。但是，苏格拉底信仰的是法制，在他心里，法制的权威高于一切，包括自己的性命，即使法判错了也应该执行。这一信仰是他做人行事的精神依据，所以，作为受难者死了，心反而是安宁的，否则，作为叛逆者活下来了，心却不安了。——如此的违犯常情常理，但在苏格拉底那里却很自然，由此可以看出他信仰的坚定。

宗教信仰，为宗教徒带来了心安。如中国大众熟知的李叔同，39岁名扬天下时毅然出家当了和尚。对于他出家的动机，正如他自己所说，非谋衣食，纯粹为了生死大事。也就是说，他的心，既不在荣华富贵的物质层面，甚至于也不在艺术文化的精神层面，而在于"灵魂的来源，宇宙的根本"的灵魂层面，这就进入了宗教。只有在宗教这里，他的心才能得以安放。

宗教的某些思想和理念，不仅是宗教徒的精神家园，也可以成为非宗教徒的精神家园。如基督教倡导的爱和佛教倡导的慈悲为怀、普渡众生、破执等，对所有人都有普世性意义。如果嫌宗教境界太高深太玄远，一般人达不到，那么"虽不能至，心向往之"，只要你"心向往之"，心就有所系，眼就有所望，就不至于迷乱乃至于迷失了。

（二）人生观、价值观

人生观、价值观是对人生意义、人生价值、人为什么而活着之类终极问题的根本看法，是人立身处世之根本依据，是一个人一切思想、行为的出发点或者说是立足点，当然也就是这个人的灵魂归宿和精神家园。

司马迁作为有地位、有尊严的封建时代文人士大夫，遭受非常人所能忍的奇耻大辱，但他咬牙活了下来，为什么？因为他感到自己的人生使命尚未完成。他父亲遗嘱他写通史，为此他走遍天下采访资料，遍阅古籍构思纲目，他要留下一部前所未有的大著，从而"究天人之际，通古今之变，成一家之言"，传之后世。他认为他的生命的价值就是要写出这样的著作，他把这一使命看得高于自己的生命，他愿意为此而生为此而死。因此，崇高的文化使命感成了他的心灵家园。

再如杜甫，人微言轻，一生困顿，但始终忧国忧民，以天下为己任。虽自知个人能量有限，聪明人嘲笑他迂腐，他也知道自己或许是迂腐，但性格如此，心魂如此，所以但终其一生不改其心。

当代哲学家冯友兰，文革结束时已年过八十，本应该退出学坛颐养天年了，但他却下决心写一部七卷本的大著作——《中国哲学史新编》。如此庞大的写作计划，如此繁重的脑力劳动，使得他经常累病而住医院。他的生活常年在家和医院间往来，他为自己给家人带来沉重的负担深感歉意。他对女儿说，自己之所以死不了是因为心里还有事没有做完，等把书写完有病就不去治了。事情真如他所言，九十五岁时写完书后他大病一场，果然从此撒手人寰。冯友兰视事业高于生命，事业——中国哲学、中国文化，是他老人家的使命，他的精神家园，完不成心不安。

（三）人类创造的各种文化观念

孟子说过："仁,人之安宅也;义,人之大路也。"(《孟子·离娄》)这里,孟子明确提出"仁"是人的心灵家园。其他呢？依此思路,儒家提出的义、礼、智、信、孝等文化观念,都可以视为儒家的精神家园。以此类推,道家、佛家等古今中外历史上各家各派提出过的理论主张、文化观念,都曾经是提出者的精神家园,都曾广泛影响过一代又一代的人,成为历代人心灵生活的理论支撑。如今,时移世易,时过境迁,历史上人类创造的各种文化观念显然不能原封不动地照搬使用了,但其中的精华依然是现代人构筑精神家园不可或缺的宝贵资源。

（四）道德律令

道德律令即人们在长期的社会生活中经过耳濡目染和道德教化,积淀于心灵结构中的道德意识、道德责任感。这种道德意识因为已经内化为人的心灵结构,所以虽然无形但却强有力地支配和影响着人们的思想行为。如上面列举的吉林省延吉市郊农村一对夫妇将十年前捡来的四万元交给了延吉市公安局,要求公安局为他们找到失主的事,就是他们敬畏良心的结果。事情已经过去十年,而且丢钱的车主又那么蛮横混蛋,自己又那么穷,他们完全可以把捡到的四万元钱据为己有而没有人知道。但如果这样做了,他们心里不安。而心安,对于人的生活是多么的重要,所以他们终于一分不少地交给了公安局。他们为什么这样做,因为他们心中有良心(道德律令)。还有海南出租车司机吴大姐,因为看到一位偏瘫的流浪老人无依无靠,于心不忍,于是坚持每天给他送饭,无论春夏秋冬。她与他非亲非故,她对他完全可以不管,但她坚持要管,而且一管就是好多年,为什么,就因为她善良,她心里的道德律令"指挥"她必须去管,不管心不安。这样的事在普通老百姓中其实是很多的,可见良心,或者说道德律令就是普通老百姓的心灵家园。再如被人称为"疯子"的医生兰越峰,因为有起码的良心、起码的医德在心,所以她看不惯、想不通、不能容忍坑害患者的医疗黑幕,她以个人微薄之力与之抗争,结果是自己受尽迫害,但无怨无悔。为什么?因为良心所在非这样不可,否则睁只眼闭只眼同流合污,自己首先受不了,会遭受自己良心的谴责。她的抗争,从社会角度看,是为社会公平正义而战,为广大患者利益而战,为建立一个良好的社会秩序而战;从个人角度说,她是为保卫个人的良心而战,为灵魂的纯洁而战。

二、对于个体而言,"理"的内涵是丰富的

　　人生在世,从小到大,从少至老,要经历多少变化啊——外在(时代和社会)的变化和内在(思想性格)的变化;要遇上多少情境——顺境与逆境、坦途和歧途,所以人的心理结构、精神世界也在不断发生变化,不可能一辈子就受一种精神元素支配,而是受多种元素支配,换句话说,他的精神家园构成也是丰富的、多元的。

　　如白居易、苏东坡,年轻时都意气风发,激昂慷慨,胸怀匡扶天下、报国为民之雄心,在朝堂上直言政事,献计献策,与邪恶势力做不屈服的斗争。这时候,支配他们的精神支柱是儒家的信条"达则兼济天下"。及至邪恶势力铺天盖地而来,他们遭受残酷迫害,坐监受侮辱,被贬遭流放,他们意识到天下事的复杂,不是你想象的那么简单。既然支配不了这个世界,既然无法施展自己的抱负,那就退而求其次,"穷则独善其身"。这时候,佛、道就成了他们安身养心的精神资源、心灵家园。由此可以见出,白、苏出入于儒、道、佛之间,在出世与入世之间游移。白、苏的人生选择来自于他们的精神结构,他们的选择在封建时代具有普遍性和代表性。

　　美学家朱光潜先生和近代以来的"人间佛教"都提倡一种人生态度:以出世的精神,做入世的事业。这种态度既体现了儒家精神也包含了道家和佛教的基本思想,被许多知识分子奉为处世信条。

　　当代人的精神资源更多元、更丰富了,凡人类历史上出现过

的、对人类进步有过贡献的思想观念,都有可能转化成现代人的精神资源乃至于精神家园。各家的思想都可能在某一方面有其合理之处,现代人不应拒绝这些合理之处而应该兼收并蓄,取其精华,去其糟粕。换句话说,我们应该"穿行在思想的密林里"采花酿蜜,构筑自己丰富而适意的精神家园。

三、"理"属心，属灵，具有崇高性和超越性

为什么精神家园属心属灵具有崇高性和超越性？这一问题可以倒过来说。为什么追求心安、寻找精神家园？因为心乱了，精神迷失了，找不到回家的路，因而惶恐不安了。为什么心乱？为什么精神迷失？迷失在哪儿了？乱是因为本来宁静的心灵受到名、利、物、权、性的诱惑，于是忍不住投入到激烈的你抢我夺的竞争中，在这过程中欲火中烧，攀高厌低，患得患失，心无宁日，再不能静了。更有甚者，为名利物权性而投机钻营乃至于出卖灵魂，干违法乱纪、贪赃纳贿、坑蒙拐骗之类缺德事了，但还没变成"我是流氓我怕谁"的无赖，于是暗夜静思，灵魂不安了，失魂落魄了，惶惶不可终日了。这时候，心安，灵魂归宿，精神家园的问题就出现了。

由此可见，心安、灵魂归宿、精神家园的对面，是名、利、物、权、性，而这些能够诱惑人的东西均属于形而下的功利层面，即"物"和"欲"的层面。物、欲，固然也是人的正常需求，但它一定要在心、灵的照耀和规范之下，在一定分寸和范围之中，才是合"理"的。物、欲与心、灵，是人的精神的两极，二者形成一个张力场，双方平衡，才是理性、健康的人生，否则即是迷乱、荒诞的人生。

由于心、灵处于物、欲的对立面，前者是规范和约束后者的力量，所以具有崇高性、超越性。正因为它的崇高性、超越性，才具有规范和约束的力量。试想，人类最早是没有心、灵之类精神因素

的,后来为什么出现了?因为人类有这个需要,那就是物、欲没有控制,肆无忌惮,泛滥成灾,这时候人类才明白必须创造出另一种力量来制约它,这才需要创造心、灵之类的精神范畴对之加以规范。所以,心、灵从产生之初就带有崇高性和超越性,崇高性和超越性是它的天然属性。正因为它的这些属性,它才具备灵魂归宿、精神家园的功能,才能安妥人的心灵("得理心安")。

为了说明具有崇高性、超越性的"理"是人之精神需要、精神家园,这里补充一个案例以证之。

古罗马人在征服了古希腊之后,精神上和文化上相对贫乏的古罗马人全盘接受了古希腊原欲型文化,逐渐演化为对原欲的放纵,并直接诱发了晚期古罗马贵族的生活奢侈、道德腐化,从而使整个社会也随之陷入到对原欲的疯狂追逐之中。罗马帝国境内不论贫富,同样都深陷于不可救药的堕落深渊;通奸和酗酒都是时髦的罪恶,美德和节制成为耻笑的对象。"在十字路口进行的酒神庆典,狂欢而又放荡,马车上装着男性生殖器雕像到处招摇,城中最受尊敬的贵妇人给它套上一只花冠,一个已婚女子在众目睽睽之下向它祈祷。这种仪式是一种极度的公开堕落的行为,这种事通常情况下连一个妓女都可能不愿干。"(圣·奥古斯丁的描述)历史学家塔西陀笔下的尼禄皇帝把自己打扮成一名奴隶的样子,在一群侍从的伴随下在首都的街巷、妓馆和酒肆到处游逛,这些人专门偷窃店铺里陈列的物品,袭击路上遇到的行人。罗马诗人马蒂里斯笔下的贵族躺在卧台中央,倚着丝绸的垫子,爱妾陪卧在侧为他轻摇羽扇,少年奴隶随时为他挥赶苍蝇,女按摩师为他推拿全身,失势的奴隶小心翼翼地注视着他弹指的信号,适时地吞下他的小便——这些描写为我们呈现了一个人欲横流的世界,在这里一切羞耻感和罪恶感已荡然无存。这是一个濒临崩溃的世界,一个让人绝望的世界,一个令人厌恶的世界。

罪恶滔天的堕落让有识之士痛心疾首,感到人已经不像人、不是人了,怎么办?拿什么来拯救这个陷于深渊的堕落世界?靠古希腊文化肯定不行,因为正是古希腊的原欲放纵型文化害了古罗马。这时候他们想起了基督教。基督教文化中原罪、赎罪、上帝、天堂、末日审判之类观念,扼制的就是不加节制的原欲。于是基督教文化开始在古罗马流行起来。在这之前,基督教已经进入罗马一百多年,但一直都是受压制受迫害的,现在从受迫害的奴隶一跃成为控制国家、民族的意识形态之王,从此基督教在欧洲扎下了根。为什么?就因为人们需要,社会需要,社会心理为基督教的传播铺好了温床。原欲泛滥成灾的社会现实,渴望与其精神相反的异质文化来矫正,从此神性战胜了原欲,崇高战胜了卑污,基督教成了他们的精神家园。

基督教从此统治欧洲一千年,时间长了,"神"把人又压得太狠了,太苦了,过分了,以至于变形了,人们受不了了,于是又创造出新的异质文化(文艺复兴)来解构它。若干年后新质又变成了旧质,于是又有更新的文化来解构它。如此此起彼伏,此消彼长,未有穷已。这就是人类文化变迁史的规律。不过,万变不离其宗,无论怎么变,人类的精神结构是不变的,那就是原欲与神性,卑下与崇高,二者相伴相随,形成一个张力场。不管某些后现代派怎样厌恶神性和崇高,从人类历史发展来看,从人性和文明的基本构成来看,它都是人类心灵家园里永远不可或缺的价值观念和精神元素。神性和崇高永远是人类精神殿堂的钢筋铁柱。

四、坚守"理",心就安

为什么?道理简单。人是有思想、有理性、有意识的社会动物,人身上既有自然性又有社会性,既有物质需求又有精神需求。换句话说,身在此岸,心在彼岸,既追求物、欲的满足,又要求心、灵的安放。人不能仅仅停留于物、欲的追求和满足上(如果仅仅这样,那就和猪没有区别),而是还要追求心、灵的安宁。

人能不安,是好现象,说明良心未泯,"心""灵"尚在,还没有变成衣冠禽兽。如果真到了像现在一些人那样无耻不脸红,作恶心不颤,事情就更麻烦了。

坚守"理",从主动方面说,就是坚守人类创造出来并且业已证明是积极正面的价值观(如仁、爱、善、孝、公平、正义、廉洁、诚信、包容、担当等等),严格按照这些理念指导自己的思想和行为。做到了这些,就进入心安之境。此谓之站得直,立得正,身正不怕影子斜,半夜鬼叫心不惊。

如前面"追求心安的人"中,古代人乐喜以不贪为宝;诸葛亮淡泊明志,清廉为官;当代人孙水林、孙东林二兄弟二十年坚守承诺,不欠农民工一分钱帐;徐月胜带万元现金到南京归还26年前所借300元钱;普通女工王中霞清洁飞机客舱,两年"清"出现金、物品等高达百万元,无一例外归还失主,尽管家里还欠着十多万元外债,尽管她月工资只有1000多元。"人家的就是人家的,谁丢了肯定都可急。"王中霞说,这样做她心里很安稳。

孙水林等都是极为普通的老百姓,他们能那样做,是因为他们心中有明确的价值观念和道德标准。坚持按应该做的做，心就安，否则心就不安。

坚守"理"，从被动方面说，就是万一做错了事，意识到后能勇敢承认，真诚忏悔，积极主动改正。常言说，人非圣贤，孰能无过！问题是有了过错要能及时知过而且改过。而最高的境界是能于他人不觉得是"过"中觉察到自己的"过"。如巴金老人，一个文弱的读书人，文化大革命中没有造过反也没有整过人，也是受害者，他对文革的错误能有多大责任？！"文革"中作恶者、有重大责任者一个个都在默不作声装糊涂呢，谁会想到受迫害者巴金的责任？！但，别人想不到他自己会想到，他扪心自问，自己也有责任，于是以五集《随想录》反省自己，真诚忏悔。史铁生，为自己"文革"中内心一瞬间的软弱而内疚不安，直到十几年后公开于文字，作了深刻的反思，忏悔，而后心安。

再如，托尔斯泰笔下的贵族聂赫留朵夫，年轻时一时糊涂让一个女孩子怀了孕，结果毁了女孩儿的一生。后来，在法庭上聂氏发现女孩儿"堕落"的初始原因竟是自己，这让他极为震惊。事情已经过去十几年，他不说没人知道，连女孩儿也不知道，也就是说他完全可以默不作声装聋作哑。但他的良心不允许。于是他开始向女孩真诚忏悔，发誓要娶她为妻来挽回自己的罪过。从此后他放下贵族的架子，四处奔走试图昭雪女孩儿的冤案；事情不成，他把家产送给农民，陪同女孩儿走上艰苦的西伯利亚流放之路。聂赫留朵夫所做的一切是真诚的，他在忏悔和赎罪中得到了心安。聂氏坚守良心的行为感动了千万读者，至今让人敬佩。

五、只要寻找，家就在你心中

通过以上分析可以知道，对于现实生活中具体的每个人，所谓精神家园即让人"心安"的"理"，是一个内涵丰富的精神领地，具有崇高性和超越性，能给世俗名利场中心灵迷乱、精神荒芜的人以心灵归宿和精神支撑。

那么这一精神领地在哪儿呢？很遥远吗？当然不是，它不是一个抽象的空间，也不是某一个狭隘单一的目的地，它不需要你去哪里苦思冥想地寻找，它就在你心里。

怎么讲？当你(泛化为每个人)在名利场中感到无奈，感到烦心，感到疲惫不堪，认为这样的竞争这样的比拼这样的恶斗好没意思，你发现你所拼命追逐的这些东西其实并不是你真正想要的，因而想要过另一种自己想要的而不是被裹胁、被绑架的生活，那时，你的灵魂就开始复活，精神就开始从迷途上回归了。也就是说，当你感到此"非"的时候，就意味着你心里有一个"是"的东西作参照，而这个东西其实就潜伏在你心里，只是因为世相的浮华迷住了你的眼，遮蔽了你的心，现在，你只需把它呼唤出来，亲近它、珍惜它、坚守它就行了。

"追求心安的人"中所列的那些人物，尤其是小人物的作为，我相信你肯定真心赞赏，真心钦佩吧！而社会上目前大量存在的贪污腐败、坑蒙拐骗、作弊造假等世情恶相你肯定也极端反感吧！好了，只要你真心赞赏好人，恶心坏人，说明你心里还有正确的价值标准和是非观念，而这，其实就是所谓的灵魂归宿和精神家园。借

心安是家

用佛家的话说,你的善根尚在,你只要认真发掘,努力培植,使之发扬光大就是了。所以,家园毋须它求,就在你自己心里。只不过是在物欲横流的世界里,你的心灵可能不知不觉被污染了,雾霾移到心里去了,这时候需要你清醒起来,行动起来,拿出摆脱世俗的勇气清除心中的雾霾,让你本来的"善根"发扬光大,重新成为你的主宰,过一种心灵平和、清静、安宁的人生。

附录

佛教与心安：我对佛教的理解

中国文化界历来流行一句话：儒家做事，道家做人，佛家修心。类似的说法有：儒家治世，道家治身，佛家治心；以儒治世，以道治身，以佛治心。对前两家的概括，笔者稍稍有所保留，但对佛家的概括，表示同意。这也与我自己的切身体验相契合。每当读和佛教有关的书，或到寺院走一遭，或即使是听听佛乐，总有平心、静心、安心的效果。那么，佛家到底是怎样让人修心的？佛教的基本教义是什么？佛教对我们的现代生活有什么意义？诸如此类的问题在我脑子里萦绕不去，使我困惑不安。于是逼迫我去看一些佛学书籍和材料，看来看去，慢慢理出一些头绪，对佛教有了肤浅的理解。

然后我想，我对佛教的无知或一知半解，是不是有点代表性？大众中不少人是不是和我一样对佛教知其然而不知其所以然呢？于是整理我的阅读体会，有了这个讲座。我想通过这个讲座向各位汇报学习体会，同时也是向各位请教。我向各位声明：一，我不是佛教徒，我只是以"槛内"俗人的身份站在佛门之外仰望佛教，窥探佛门的高深；二，对于佛教我没有专门研究，所以我所讲的只能是"我所理解的佛教"，而不是本原的佛教。如果各位想了解纯粹的佛教、佛学，还请自己去认真阅读佛经原典，自己去钻研。这里我恳求大家，如果有讲错的地方，请不留情面地提出批评，以便让我随时纠正。事关宗教学问,非常严肃,我是怀着忐忑而敬畏的心情来讲的,所以万万不能歪曲了佛教,不能让我误导了听众。

一、释迦牟尼与佛教

释迦牟尼(约前624~前544,一说前564~前484),佛教创始人,原名悉达多·乔达摩。古印度释迦族人,生于古印度迦毗罗卫国(今尼泊尔南部)。本为迦毗罗卫国太子,父亲为净饭王。释迦牟尼的母亲摩耶夫人,生下佛陀后一周便去世了,佛陀是在其母亲的胞姊,也就是他姨母及父王的爱护之下长大成人。没有出家之前,大家都称他为悉达多太子。释迦牟尼少年时代接受婆罗门教的传统教育,兼习兵法与武艺,是一个骑射击剑的能手。16岁时,与表妹耶输陀罗结婚,这一时期,过着奢华而舒适的生活。但他不是仅以享受人间繁华为满足的人,虽然贵为太子,并且已经结婚,但在精神上感觉非常的空虚,所以想到郊外去看看民间的风情。根据佛典的传说,他一连出城郊游了四次,这四次郊游的经历改变了他的生活,也决定了他出家成道的前程。他带着随从,驾着马车,第一次出游,在市区见到了一个白发弯腰、风烛残年的老人;第二次在路边见到了一个痛苦呻吟的病人;第三次遇到了一个送丧的队伍。这使他觉悟到,不论何人,出生之后必然会渐渐地衰老,谁也不能免除病痛,最后结果便是死亡!死了之后,又将出生、衰老、病痛、死亡;像这样的人生,如不设法求得彻底的解脱,实在太可怜、太悲哀了。同时,当他童年时代,曾随父王去农村举行春耕祭典之时,见到农夫犁田之际,从土中翻起虫蚁,立即被蛙类争食一空,转眼间,蛙被花蛇所吞,花蛇又被由天上凌空而下的巨鹰所啖,像这样弱肉强食的众生相,在他看来,实在是触目惊心,对此感到无限伤感。他想,有没有摆脱生老病死和弱肉强食人间悲剧的办法呢?就在这时,他第四次出游时遇到了一位神态安详的出家沙门,终于使他领悟到他应走什么路了!这就是,唯有及时出家,一心修行,彻悟宇宙的真理,才能知道以何方法来解脱众生生老病死、轮回不息的所有苦难。

就在他决心出家之时,太子妃生了一个孩子,他想这孩子是出家的枷锁,于是给孩子取名罗睺罗,意即障碍。但是,他既决心出家,谁也留不住他。就在那天夜晚,当他的妃子抱着小王子正在熟睡之时,他向他们作了无言的告别。唤醒驭手牵出爱马悄悄出了宫殿,离开都城,直到进入森林深处,削去头发,脱下身上所有华贵服饰,穿上用树皮编织的沙门服,然后打发驭手带着他的服饰回宫向父王报告,他已出家,若不成道,绝不回国。

离家之后,释迦牟尼先到王舍城郊外学习禅定,后又在尼连禅河畔的树林中独修苦行,每天只吃一餐,后来七天进一餐,穿树皮,睡于荆棘、鹿粪、牛粪之上。6年后,身体消瘦,形同枯木,仍然没有找到解脱之道。于是悟到苦修无益,便放弃苦行,入尼连禅河洗净了身体,沐浴后接受了一位牧女供养的乳糜,恢复了健康。之后渡过尼连禅河,来到伽耶城外的荜钵罗树(即菩提树)下,面向东方,安然而坐,并发出大誓愿,宁愿血液干涸,身体腐烂,如不成佛,决不起坐。据说,经过七天七夜(也有说是四十九日)的冥思苦想,终于悟道,确信已经彻悟宇宙的真理,洞达了解脱生老病死人生之苦的根本方法。换句话说,这标志着他已经觉悟成道,获得了解脱,成了佛。成佛后被称为释迦牟尼,尊称为佛陀,意思是觉悟了的人,大彻大悟的人;民间信佛的人常称其为世尊、佛祖、如来佛祖或释尊(释迦族出身的圣者)。这一年释迦牟尼35岁。

据佛经记载,释迦牟尼在这七天七夜(或四十九日)之中,接受了各种生理、心理及自然界的冲击和考验。当他正要放下一切折磨人的人间欲望之时,欲望之火却更旺盛起来。那些他曾经迷恋过的荣誉、名声、权力、财富、爱情、亲情,一切的喜乐和欢悦,全部涌现在眼前。这种景象,使他感到犹豫和困惑。可是他又明白,种种欲望正是烦恼和痛苦之源,要想断除人间烦恼和痛苦,必须与之决裂。终于,在智慧的决断之下,悉达多王子突破了人性的弱点,战胜了身心的魔障,登上了人类智慧和人格的顶峰,成就了究竟无上的佛果。他的心境,从波涛汹涌的状态进入了平静如镜的状态。从此之后,永无波浪,也没有涟漪,唯是一片深广无边的澄澈清凉,容受一切包举万类,而又丝毫不受他物的骚扰。(参见圣严法师:《佛学入门》,陕西师范大学出版社,2008)

释迦牟尼成佛后,开始宣讲自己的学说,济度众生。此后的45年中,他四处奔走,专心讲道,足迹遍布恒河流域,奠定了原始佛教基本教义,并组成了传教的僧团。据说有弟子500人,著名的有迦叶等十大弟子。至此,佛、法、僧这佛教的三宝(三要素)已具备,佛教正式形成。

释迦牟尼80岁时的时候,自知到了生命的终点,于是来到拘尸那加城外树林中,在两棵树中间安置绳床,侧身而卧。临终前向弟子们作了最后一次说法,嘱咐他们今后当以佛法为师,努力修习,不要放逸。释迦牟尼的逝世,佛教称为涅槃,意译为圆寂,意思是功德圆满,达到了不死不灭的永生境界。相传,他火化后的遗骨("舍利")为八个国家的国王所分,被视为圣物,受到崇拜。

二、佛教的终极目标

根据释迦牟尼的生平经历可知,他是极富悲悯心的人,他身为王子,本人过着富贵闲适的生活,但却看不得众生之苦,他对众生怀着深深的同情;不但同情,而且发誓要全力以赴拯救他们。于是出家悟道,创立了佛教。其根本动机是大慈大悲,救苦救难,普度众生。

对佛学深有研究的国学大师南怀瑾先生曾说过:"佛法的目的是什么呢?我们被人世间一切的烦恼感情捆缚着,要解脱三界的情欲、烦恼、妄想,脱开一切的粘缚,回归到自己本来的面目,这就是佛法的究竟。所以佛法讲了半天,三藏十二部,都是为了这个,要把那些粘着的、捆着的,都彻底解脱了,这就是沸法的精要。"(张笑恒编,《南怀瑾的16堂佛学课》第134页,中华工商联合出版社,2013)简言之,解除人间无边烦恼,消除世人无尽痛苦,引导大众脱离苦海,使人人心安,就是佛教的终极目标。

这是一种极为崇高、伟大的目标。人类历史上有过诸多类似的崇高人物、崇高目标。如中国儒家的大同世界,基督教的博爱,马克思主义的解放全人类。过去,我们常常把宗教斥为唯心主义,斥为反动,那是政治上的偏见,其实从思想动机、从学术文化角度看,佛教和基督教的动机都是伟大的,也应该肯定和赞扬。当然,从政治理论上看,马克思主义追求的共产主义才是科学的,是从政治、经济、社会全方位解放全人类,而宗教包括佛教和基督教是从精神上、道德上、心理上、灵魂上对人起作用,其精神价值和文化意义也是不容否定的。

三、佛教的基本教义(一)

因为释迦牟尼创立佛教的动机是化解众生苦难,从而普度众生,所以佛教的基本教理、教义都是围绕这一中心而构成的。佛教的典籍浩如烟海、汗牛充栋(佛经有若干万卷,字数有好几亿),教义极为丰富,我们既不可能也没有必要去一一罗列,撮其要者,其核心内容可归为四圣谛、八正道、十二因缘。

四圣谛(谛,真理也):即苦谛——人生皆苦;集谛——苦之原因,主要表现为对世间物质、名利、权欲等世俗欲望的追求;灭谛——断灭产生痛苦的原因,达到理想的"涅槃"境地;道谛——指通过修道达到"涅槃"的途径或曰方法,这些方法可概括为八种,即"八正道"。

八正道,指八种由凡入圣、由迷而悟获得解脱的正确途径。它们是:正见——正确的见解;正思维——正确的意志;正语——正确的言语;正业——正确的行为;正命——正确的生活;正精进——正确的努力方向;正念——正确的思想;正定——正确的精神统一。这里的"正",指与佛教教义相符合,不偏不离。八正道从身(行为)、口(语言)、意(思想)三方面规定了出家人的日常思想行为,即如何修行。这三个方面也可以归纳为戒、定、慧"三学"。

十二因缘指形成生死循环的十二个连锁环节,构成生死之苦的起因。说来复杂,连我自己也记不住,这里就不一一介绍了。说得越多越记不住,也就越迷糊。欲知其详,请自己去下工夫。下面我根据自己的理解总结归纳一下佛教的基本理念。

1. **人生是苦**

人生是苦,是释迦牟尼最基本的人生观,是佛陀学说、佛教教义的根本出发点。都有哪些苦呢? 佛教罗列了八种基本之苦:生老病死四种苦;第五种是"怨憎会苦"——不得不跟所憎恶的人在一起,冤家对头偏聚头;第六种是"求不得苦"——所求的东西得不到之苦;第七种是"爱别离苦"——与至亲、相爱的人冲突与分离之苦;第八种是"五蕴(阴)盛苦"——佛教认为众生都是由色、受、想、行、识五种因素组成,这五种因素变化无常,因而充满痛苦。

2. **为什么苦?**

"四圣谛"中的"集谛"即讲苦的原因。对于导致人生痛苦的原因,佛教概括地总结为"贪、嗔、痴"三个字,又称为"三毒"。

贪,即贪欲,即欲望的贪婪,永不知足。前面介绍时已经说了,佛教认为造成人生痛苦的原因复杂,最基本的是对世俗各种享乐欲望的贪婪追求。人生而有欲,而欲望的特性是永不满足,无限增殖无限扩张无限繁衍,总之一句话——无限贪婪。一个欲望满足了,十个百个千个万个欲望又涌现出来;欲望满足了一次,还想十次百次千次万次。也就是说,欲望涌现的多,满足的少,欲望无限而实现欲望的能力却有限,欲望与能力之间是一个永恒的距离。这是人生的一个根本困境,谁也摆脱不了。我们都知道,欲望满足了快乐,而满足的快乐是短暂的、瞬间的,而不满足时的痛苦却是长久的,永恒的。佛教对这种状况的描述是——"人生如火宅"——人活在熊熊燃烧的烈火之中。什么火?当然是欲望之火,即成语所说的"欲火中烧"。

关于这一点,中国古代有《不知足诗》加以描述:"终日奔波只为饥,方才一饱便思衣。衣食两般皆具足,又想娇容美貌妻。娶得美妻生下子,恨无田地少根基。买到田园多广阔,出入无船少马骑。槽头扣了骡和马,叹无官职被人欺。县丞主簿还嫌小,又要朝中挂紫衣。若要世人心里足,除是南柯一梦西。"

《不知足诗》将人的欲望的贪婪性描绘得淋漓尽致。如此雪球一样越滚越大且没个穷尽的欲望,在现实生活中怎么能够满足!我们说人生在世,这个"世"上人很多,因而空间显得很狭小,不可能任某一个人的欲望无限制地膨胀,尽情满足。这样一来,人的欲望的无限性和欲望实现的有限性之间就形成了永恒性的冲突,这就让人永远处于不能满足的痛苦境地。可以说,世界上从来没有一个所有欲望全部满足的人。即使权力无边的封建帝王也不例外。率土之滨莫非王土,普天之下莫非王臣,他们什么都有了,但还想长生不老、帝王基业万世流传呢!

无限的欲望永恒地不能尽情满足,于是就有永恒的痛苦。欲望越多痛苦越多,欲望越大痛苦越大,欲望存续越久痛苦也存续越久。欲望与痛苦相生相伴,如影随形。

嗔,与贪正好相反。贪是由于对事物喜欢而产生无休止地追求、占有的心理欲望,嗔却是由于对事物厌恶而产生的愤恨、恼恨、怨恨等心理和情绪,包括羡慕嫉妒恨,包括爱恨情仇,包括冤冤相报等等,总之是指仇恨、怨恨、忌恨、愤恨、恼恨等既损害他人又伤及自己的负面情绪。

痴,又叫无明,是指不明事理,心性迷暗,愚昧无知,犯傻,犯晕,糊涂虫。佛教认为,众生因无明而致心性愚昧,迷于事理,由此而有"人"、"我"之分。于是产生我执、法执,人生的种种烦恼,世事之纷纷扰扰,均由此而起。因此痴为一切烦恼所依。《唯识论》卷六中说:"诸烦恼生,必由痴故。"

3. 怎样化解人生之苦?

由贪嗔痴导致烦恼无穷,痛苦无限,导致"人生如火宅"——这是佛教对人生的基本观点、基本判断。人生如火宅,太恐怖太可怕了。怎么办?怎么逃出这个火宅?这就是佛教在"灭谛"中要解决的问题,佛教提出的办法不是扬汤止沸,而是釜底抽薪——既然人生之苦是欲望造成的,那么化解痛苦的办法就是"必须舍弃欲望,断除欲望,离开欲望,不使欲望有其残存的余地;破除了一切的欲望之后,渴爱之心亦可消灭了。也就是说,从所有的烦恼和善恶之中解脱出来,由生死的三界,进入寂灭涅槃的境界"。(圣严法师:《佛学入门》第38页,陕西师范大学出版社,2008)。总之一句话,断除烦恼、化解痛苦、使人解脱,使人心安的办法只要两个字——灭欲。

怎么灭呢?极简单地说几个小例子。

人之所欲,食色为最,那么佛教是怎样消灭这两大欲的呢?

先说食。佛教认为,吃饭的目的不是为了满足口腹之欲——为了避免说"欲"字引起刺激,佛教称吃饭是为了治病。什么病?饥渴之病。既然是治病,那么佛教就把饭食称为"药"。对所吃的东西要求最为简单,充饥而已,而且要求"日中一食","过午不食"。除此之外,为了消除人们对饭食享受的欲望,佛教想尽办法把饭食妖魔化,恶心化。《大集经》中说:"云何修习食不乐想?若有比丘执持钵时,如血涂骷髅,烂臭可恶,虫所住处;若于食时,应观是食,如死尸虫;若见面时,如骨末想;得饭浆时,作粪汁想;得诸饼时,作人皮想;所执锡杖,作人骨想;得乳酪时,作浓血想;若得菜茹,作毛发想;得种种浆,作血想,是名于食生不乐想。"——请想想,把饭食想象到如此程度,你还有食欲吗?没有了!那正好,咱要的就是让你没食欲,没食欲就断了贪念,断了享受之想了。佛教认为,于好食起贪,于坏食生嗔,死后是要堕地狱的。

对于衣服呢?原始佛教规定,比丘只能穿"粪扫衣",即从垃圾堆、坟场上捡来的旧衣服。这样可以远离贪心,有益于道心的增长。僧衣另一名称曰"衲衣",衲是补缀的意思,即由碎布补缀而成,故称衲衣。故和尚常自称老衲。衲衣五种:施主衣,无施主衣,往还衣(包死尸所用衣),死人衣,粪扫衣。袈裟不许着正色,即避用青、黄、赤、白、黑五正色。正色过于鲜艳,容易引起刺激,所以最好采用青不青,黄不黄——之类的间色。

对于女色呢?佛教想出的办法是,用发展眼光看问题。你眼前的美女不是很招人眼吗?可是你不要被这暂时的表象所迷惑——这姑娘有一天是要老的。请想想,她五十年后会怎样?老态龙钟了,不堪入目啦!七十年后呢,她可能就死了,死了就变为骷髅了。所以,面对美女,你一定要做骷髅想——一具骷髅走过来。现在佛教网上常有美女和骷髅并置的图像,就是这原因。如果你还消除不了对美女的喜欢(色欲),那么还有办法,那就请你"透过现象看本质"——通过分析美女的物质构成你会发现,美女内里是五脏六腑,五脏六腑里装的是未消化完的食物残渣,是黄黄的尿水和刺鼻的粪便。这样想想,你眼前的美女对你还有吸引力吗?你对她还能生出美感吗?总之,和对待饭食一样,为了灭除你的欲,尽可能地把美女妖魔化,恶心化。

当然,这些都是比较简单、粗浅、直观的办法,主要是用通俗易懂的例子说给文化程度不高的大众听的。为了从思想上真正达到让人灭欲的目的,为了说服文化层次高的大众,佛教还创造出了非常精致、非常高深的理论来说服你。佛教的哲学价值、思想史价值,就体现在这些佛理上了。请各位想一想,自古至今,佛教吸引的不仅仅是文化不高的大众,而且还有那么多文化水平高深的知识分子,原因何在?就因为佛教有高深奥妙的道理,或者高深奥妙的世界观、人生观、价值观。否则,怎么可能让文化水平高深的知识分子也着迷呢?!

这就引出了下面我们要讲的佛教的基本教义(二)。

四、佛教的基本教义(二)

前面我们说佛教提出化解人生痛苦,让人走向心安的妙方是舍弃、断除、离开欲望,也就是从源头上消除痛苦。这一思路当然不错,可是,欲望源于人性,来自天然,与生俱来,你怎么消除呢?这确实是一个大难题。为此,佛教深思熟虑,思维出入六合,精骛八极,通天达地,想出了许多超世绝尘的玄妙道理,这就是佛祖菩提树下悟道所得到的人生智慧。这样的佛理有许多,而且很复杂,择其要者,主要有以下几点。

1. 缘起论(因缘和合)

缘起论是整个佛教教义的理论基石。所谓"缘起","缘"是结果所赖以生起的原因、条件,"起"是生起的意思。缘起就是指一切事物和现象的生起都是有原因的,有条件的,是由相待(相对)的互存关系和条件决定的。而且,一因不能生果,任何果都必须至少有两个因才能产生,任何单独的因,如果没有适当的外缘,就不能产生果。世界万物都处在因果相续相联的关系之中。从纵的方面来说,因果遍于过去、现在、未来三时,相续不断,无始无终;从横的方面说,因果间的联系是互相依存,互为条件,错综复杂,无边无际。世界万物就是这样处在无始无终、无边无际因果关联的网络之中。

举两个简单的例子来说一说什么是"因缘和合"吧!

作为教师,每年我都会遇到一批新的陌生的面孔。用日常眼光看,这太司空见惯不值一谈了。但如果用佛的眼光看就会感到这是天地间又一场惊险的奇遇,特别值得珍惜。你想啊——我作为一个人在这个世界上生活已有半个多世纪,我的学生也已在这个世界上生存了十八、九年。我们每人都有自己的生活轨道。在茫茫的宇宙太空(或曰无边的生活海洋中)里,空间何其大也,我们的生活轨道何其小也,它们相互交叉的可能性从概率论上来看趋于无限小,几乎等于零,然而现在这个几乎等于零的可能竟然变成事实了。导致这一结果的原因,从终极角度看是无限的,即无穷无尽的。其间无论是我或学生方面生活轨道中万一有一个小小的变动,就不会有今天的相见,很可能今生今世就永远错失了。所以,用终极眼光看,这次再平常不过的见面,是无限偶然因素的因缘际会造成的,是一场惊险的奇遇,这就是佛教所说的"缘分"。这样看来,平常说滥了的熟词"缘分",其中实在包蕴着无比丰富的人生内涵,包蕴着无比美妙的审美意味——我活了这么多年就是为了在这儿等着见你一面。这场相见,是已知的、出场的事实,而导致这场相见的无穷无尽的、谁也无法知道的缘因,则隐藏于神秘之中。无限因缘导致一个结果,你想这是多么珍贵,多么不容易啊!所以现在我们常说的,五百年的回眸,才换来今生的擦肩而过;百年修得同船渡,千年修得共枕眠。这里蕴含的就是佛教的道理。

再如一个人(假定为张三)的出生,从日常生活层面看它只是一个事实,没什么可说的。但从终极角度看则又可以视为天地间发生的一件奇迹。思路是这样的:人的出生来自父母的结合,而其父母的结合本身就是经历了漫长的人生之旅,由无限多的偶然因素促成的。其间只要有一个微不足道的因素发生变化,就会破坏这一结合,就不会有张三的出生。再往上说,其父母的生命来自爷爷奶奶姥爷姥姥的结合,而这两对老人的结合又是无穷偶然因素的结果。顺此思路想下去,我们看到的是一张密密麻麻的按"2"的 X 次方展开的巨大的人际关系网。按 25 年一代计算,从张三往上推十代,其祖宗有 512 人,推 20 代,有 524288 人,21 代就是一百多万人。也就是说,500 多年前(仅仅这一代人)有一百多万人在冥冥中盲目地偶然地结合,结合,结合,500 多年才有今天的小张三。500 多年间如果有一个偶然的因素破坏了其中一对夫妻的姻缘,导致张三出生的人际链条就中断了,就没有张三了。如此看来,张三的出生是一件无比惊险的事,以至于惊险到近乎不可思议。然而张三又真真实实地出生了,这件事交给任何一个最精明最有权势最有组织能力的人都不可能完成,能完成这一任务的只有上帝即造化本身。细想造化是多么的神奇啊!这里的神奇不是别的,就是佛教所说的"因缘和合"。(我们看不到的东西,佛祖看到了。)

讲这些与佛教的"灭欲"有什么关系呀?有啊!关系就是,既然一切事物、现象都是因缘和合而生,因缘随时随机变化,因此不可执着,不应执着,不必执着。你所追求的那些东西,如名啊,利呀,包括你自身等等都是虚幻不实的,随时都可以飘逝的,你还迷恋个啥呀!

2. 无常论(法轮常转、诸行无常)

"无常"指变化无定,没有恒常。佛教认为,世间一切事物都是因缘和合而成的,都受原因、条件的制约,因而都处在生起、变异、坏灭的过程中,迁流不停,没有常住性。早期佛教提出无常的观念着重在为人生痛苦的理论提供论据,但后来的佛教各派学者阐述无常的理论时,就不只限于论证人生是苦了,他们开始广涉一切现象,说明万物的流变无常。

前面我们讲到的"美女与骷髅"算是一个无常的典型吧!还有,著名的《红楼梦》中的"好了歌"和"好了歌注"都是人生无常的好例。《红楼梦》迷人之处甚多,从思想意蕴方面看,人生无常,盛衰无定,荣华富贵都靠不住是其中重要因素之一。

人生无常是中国古人挂在嘴上的常用语,各位比较熟悉,此处就略而不述了。

3. 无我论(万法无我)

无我论是从缘起论派生出来的重要理论,是针对当时印度各派的"我"的理论,尤其是婆罗门教的梵我即神我理论提出的。"我"是主宰和实体的意思。佛教认为,既然世间万物皆由因缘和合而成,那么就不存在人格化的造物主,不存在一切事物的主宰者,也没有独立的永恒的实在自体,这就是"无我"。佛教宣传的"我"有两种:一是"人我",二是"法我"。相应地,"无我"也有两种:一是"人无我",二是"法无我"。小乘佛教学者认为,因为人类最容易把自身执着为实有,所以比较强调宣扬"人无我",强调人是五蕴的聚合,在生理和心理的存在状态上都是无常的,不可执为有我。大乘佛教学者则认为,人以外的其他一切事物和人一样,都是各种因素的集合体,也都没有独立自存的实体,是为"法无我"。

执着于自我,自我中心,往往是人最容易犯的错误。我就是我,有名有姓有身体有家庭有单位,难道这还有假吗?但佛教看来则不一定。你固然是叫张三,可是,难道你必须和必然叫张三吗?难道不可以叫张四或竟至于李四、王五、孙六吗?名字只是一个符号,值得你执着吗?还有,你说你有名有姓有身体不假,可是,你把你从出生到八十岁的成百上千张照片摆在一起看看,哪一张都不重复,变化那么大,你说哪一个是你?难道有一个固定不变永恒的你吗?极而言之,现在的你和五分钟之前的你也不一样。为什么?因为你身上的细胞在变化,有的死了,有的生了。你没感觉吗?今天早上刮去胡子,明天又生出来了,你感觉不到但却时刻在变化着。这个意思,佛两千多年前悟到了,两千多年前古希腊的赫拉克利特也悟到了。赫拉克利特说,人不能两次踏进同一条河。为什么?河水随时在流动,你再踏进去时,此时的河水早不是彼时的了。佛教认为,不但人无我,而且法也是无我的,即万事万物都是在变化的,世界上没有一个永恒不变的自在的实体,这就是佛教所说的"万法无我"的意思。

4. 色空论(色即是空,空即是色)

缘起论、无常论、无我论,都是说天下万物,都是无限因素的偶然聚合,缘可聚也可散,聚则物成,散则物灭,一切皆以因缘的聚合为转移,换句话说,天下没有恒常不变的事物,没有独立永恒的实在自体,一切的一切都是虚幻不实的,变幻不定的,把握不住的,既然如此,你又何必为它执着,为它烦恼,为它痛苦?!划不着也!你犯傻了也!

缘起论、无常论、无我论,合起来就是一个"色空论"。在佛教词典里,"色"是指现象界,指有形有相的事物。佛教把一切有形的物质、现象称为"色",这些物质、现象均因缘而生,其本质是空。故色即是空,意谓色本身空幻不实,无根无形。著名佛教经典《般若波罗蜜多心经》云:"色不异空,空不异色;色即是空,空即是色"。

诸位注意,根据上面的佛理可知,这里的"空"并不是空无所有——什么都没有,而是指世上没有永恒固定、恒常不变的东西。

由于色即是空,一切都在变化,一切都是瞬间,一切都靠不住。所以你千万不可执着,不可着迷,不可犯傻,千万不要试图去抓住那些本来不可抓、抓不住的东西。所以佛教提出口号:"四大(地水火风)皆空";"六根(根、耳、鼻、舌、身、意)清静";破执——破除一切执着;放下——放下一切欲望。什么时候放下?死之前放下吗?晚了;明年、明天放下,也晚了;最好是当下放下,此时此刻放下。放下你就轻松自由解放了,也就是心安了。这就是佛教为我们开出的消除烦恼化解痛苦走向心安的方法。

五、佛教对现代人生的启示

佛教对人生的启示,或者说现代意义,可以说是多方面的,这里我简单列出几条吧!

1. 灵魂生活至高无上

众所周知,佛教在价值观上轻物质重精神,轻肉身重灵魂,视灵魂生活为至高无上,为了精神的纯洁和灵魂的超脱,可以毫不犹豫地抛弃物质和肉身的享受。道理不多说,举两个例子以证之。

释迦牟尼,本人身为王子,身居王宫,有娇妻美妾,锦衣玉食,有巨大的权力在等待他接班,试想,作为一个世俗的人,还有比这更理想、更幸福的生活吗？似乎没有了，他的生活完满无缺，人生所追求的十全十美、万事如意在他这里实现了。这是多么大的幸福和幸运啊！上帝的恩赐，千年不遇，你就尽情地感恩吧，享受吧，陶醉吧！然而释迦牟尼却不这样想不这样看。他对众生包括自己无法解脱生老病死之苦而寝食难安，他要弄清这究竟是为什么？他要帮助众生找到解脱之道，渡出苦海。而帮助众生出苦海的路在哪里呢？谁知道呢？路漫漫其修远兮，尚须上下而求索。于是两种选择摆在释迦牟尼面前：要么留在俗世安享荣华富贵，要么走上艰难困苦的修道之路。我们看到的是，释迦牟尼没有犹豫，他决绝地抛弃了世俗的一切，独自踏上修道的苦行之路。促使释迦牟尼作出如此超世拔俗行为的原因无它，就因为他把精神生活、灵魂生活看得至高无上。物质和精神，肉身和灵魂，二者轻重的比例，在他眼里和世人完全相反。所以他才创立了佛教，创造了人类有史以来极为珍贵的一份文化遗产，至今仍发挥着巨大的作用。

再如弘一法师，俗名李叔同，1880年生于天津官宦富商之家，1942年圆寂于泉州。他是中国新文化运动的前驱，卓越的艺术家、教育家、思想家、革新家，是中国传统文化与佛教文化相结合的优秀代表，是中国近现代佛教史上最杰出的一位高僧，又是国际上声誉甚高的知名人士。他在音乐、美术、诗词、篆刻、金石、书法、教育、哲学、法学、汉字学、社会学等领域均有很高的造诣或创造性发展。1910年李叔同从日本回国，曾在天津、上海、南京、杭州多所学校任教，同时参与社会活动和艺术创作，声名卓著。1918年8月19日，在杭州做教员时毅然出家，在虎跑寺剃度为僧。李出家时已是当时社会名人，天津老家有妻子、孩子，在上海有日籍夫人。从世俗角度看，李叔同的生活也算圆满无缺了。但他却背着家人毅然斩断尘缘，遁入空门。世人，包括他的亲人、朋友百思不得其解。后来，和他关系最好的他的学生，同时也笃信佛教的著名艺术家丰子恺作过一个解释。丰子恺说：

他怎么由艺术升华到宗教呢？当时人都诧异，以为李先生受了什么刺激，忽然"遁入空门"了。我却能理解他的心，我认为他的出家是当然的。我以为人的生活，可以分作三层：一是物质生活，二是精神生活，三是灵魂生活。物质生活就是衣食。精神生活就是学术文艺。灵魂生活就是宗教。"人生"就是这样的一个三层楼。懒得（或无力）走楼梯的，就住在第一层，即把物质生活弄得很好，锦衣玉食，尊荣富贵，孝子慈孙，这样就满足了。这也是一种人生观。抱这样的人生观的人，在世间占大多数。其次，高兴（或有力）走楼梯的，就爬上二层楼去玩玩，或者久居在里头。这就是专心学术文艺的人。他们把全力贡献于学问的研究，把全心寄托于文艺的创作和欣赏。这样的人，在世间也很多，即所谓"知识分子"，"学者"，"艺术家，"。还有一种人，"人生欲"很强，脚力很大，对二层楼还不满足，就再走楼梯，爬上三层楼去。这就是宗教徒了。他们做人很认真，满足了"物质欲"还不够，满足了"精神欲"还不够，必须探求人生的究竟。他们以为财产子孙都是身外之物，学术文艺都是暂时的美景，连自己的身体都是虚幻的存在。他们不肯做本能的奴隶，必须追究灵魂的来源，宇宙的根本，这才能满足他们的"人生欲"。这就是宗教徒。世间就不过这三种人。我虽用三层楼为比喻，但并非必须从第一层到第二层，然后得到第三层。有很多人，从第一层直上第三层，并不需要在第二层勾留。还有许多人连第一层也不住，一口气跑上三层楼。不过我们的弘一法师，是一层一层的走上去的。弘一法师的"人生欲"非常之强！他的做人，一定要做得彻底。他早年对母尽孝，对妻子尽爱，安住在第一层楼中。中年专心研究艺术，发挥多方面的天才，便是迁居在二层楼了。强大的"人生欲"不能使他满足于二层楼，于是爬上三层楼去，做和尚，修净土，研戒律，这是当然的事，毫不足怪的。做人好比喝酒；酒量小的，喝一杯花雕酒已经醉了，酒量大的，喝花雕嫌淡，必须喝高粱酒才能过瘾。文艺好比是花雕，宗教好比是高粱。

弘一法师酒量很大,喝花雕不能过瘾,必须喝高粱。我酒量很小,只能喝花雕,难得喝一口高粱而已。但喝花雕的人,颇能理解喝高粱者的心。故我对于弘一法师的由艺术升华到宗教,一向认为当然,毫不足怪的。(《丰子恺文集》第6卷第399~401页,浙江文艺、浙江教育出版社,1992)

丰子恺不愧是李叔同的高足,他的解释符合情理,富有深度,道出了李叔同出家的深层原因,可谓是李叔同的知己。

佛教这种视灵魂为至上的人生观和价值观,毫无疑问,对我们具有启发意义,值得我们借鉴。很简单,人不是只知吃喝睡的猪,人与猪的最大区别在于人有精神、有灵魂,所以,人不能仅仅是贪婪地追求物质的享受,肉欲的迷醉,而应该把精神、把灵魂生活看得高于物质生活,关照一下自己的灵魂。当今社会上种种乱象的根源之一,就在于有些人忘了自己是人,而沉沦堕落成了猪,除了坑蒙拐骗偷,吃喝嫖赌抽,除了贪腐包N奶,不知道干什么了。在这种语境下,了解一点佛教视灵魂为至上的价值观,是非常必要的。

2. 怎样对待欲望

佛教为了消除烦恼和痛苦,提倡断除欲望,但是,欲望能舍弃和断除吗?换句话说,佛教所追求的目标能达到吗?,佛教开出的消除烦恼、化解痛苦,走向心安的灵丹妙药有用吗?

实事求是地说,欲望的舍弃和断除很难,佛教的目标达到很难,佛教开出的消除烦恼、化解痛苦的灵丹妙药对大众来说有一定作用,但却十分有限。为什么?因为前面说过,欲望与生俱来,源于人性,来自天然,发乎自然。人活着就有欲望,欲望是生命的本质,断除了欲望等于断除了生命意志,也就不再是活生生的生命。在这个世界上,没有欲望的只有两种人,一种是死人,一种是植物人。除此,没有例外。即使是佛门净地,也未必全都灭除了欲望,从佛门传出的为名利闹得不可开交的事绝非仅有。说明什么?说明欲望消除之难,佛门尚且如此,对大众来说更难,或者说几乎是不可能的。

退一步说——让我们假设,通过修行即使真的断除了欲望——什么欲望也没有了,心如止水,那么又怎样呢?那就没有了生命活力,没有了创造力,世界将成为沙漠,呈现一片死寂。可见,欲望是一柄双刃剑,断除了欲望,人生当然没有了痛苦,但也没有了欢乐,因为欲望既是痛苦之源,同时也是欢乐之源;断除了欲望,世界上当然没有了罪恶,但也没有了创造,因为欲望既是罪恶之源,同时也是创造之源。

看来,佛教通过断除欲望化解痛苦的目标,对大众来说,首先是不能实现的;其次,万一实现了也是很可怕的,是必须尽量避免的。换句话说,欲望只能抑制,只能节制,只能限制,而不能断除。

既然欲望无法断除,那么佛教就没有意义了吗?

当然不是!虽然佛教为众生设计的通过灭欲消解痛苦的目标不能实现,但佛教仍然是有价值有意义的。其价值和意义可以用司马迁引《诗经》诗句赞美孔子的话来表达:高山仰止,景行行止,虽不能至,然心向往之。(《史记·孔子世家》)也就是说,佛教所推崇的境界,我们虽然不能达到,但我们心向往之——他给我们指出了努力的方向,我们可以向着那个方去努力。如喜马拉雅山,我们虽然攀登不上去,但我们至少有了奋斗目标和努力方向,我们心有所系,就不至于暗黑无明,不至于愚昧无知,不至于晕头转向,不至于丧失自我了。

我把佛教的这种作用,看作是一种精神砝码。我是这样想的:人生在世,既有功利的追求,即所谓名、利、权、物的追求,也有精神的追求。一般来说,在大多数人那里,前者的分量重,追求个没完了没了,永无穷尽。这样一来,人生就变得非常沉重,非常痛苦,有的甚至走向犯罪。怎么办?为避免这些可怕的倾向,就需要有精神因素出来调整。假如把功利和精神当作人生天平两端的话,功利这头太沉重,天平太倾斜的时候,就需要在另一头压上更多"精神"的砝码。精神的砝码内容很多,宗教是其中很有效的一种。例如,当你为名利物而烦恼不堪的时候,到佛教的寺院里去听一听晨钟暮鼓,闻一闻缭绕的香火,仰望永远超脱淡定的佛像,你的心灵一定会有所净化,有所觉悟,有所超脱,出来时心里就轻松了许多。当你为一些小事与人斤斤计较甚至积怨成仇必欲报复而后快时,你想一想佛教所一贯批评的贪嗔痴,你也许就会明白自己的狭隘和小气,通过自我反省,消除或至少是缓解了仇恨的心理,让自己也变得大度和宽恕起来。总之,宗教的教义是一种为人处世的道德标杆,它为你树立了一个检讨自己的参照系,让你从自我中走出来,逐渐成为一个道德上高尚的人。

以上我们从佛教引申出来的对欲望要抑制、节制、限制的观点,是人类各民族文化的精华。别的不再说了,这里我给各位念几句古希腊哲人苏格拉底的话。苏也是两千多年前的人,和释迦牟尼生活时代大致差不多(苏:公元前469～公元前399;释:约前624～前544,一说前564～前484)。关于欲望,苏格拉底说:①"不加控制的欲望必会引来灾难";②"我们的需要越是少,我们越近似上帝";③"只企盼少许,才能接近最高的幸福";④"知足是天然的财富,奢侈是人为的贫穷";⑤"在这个世界上,除了阳光、空气、水和笑容,我们还需要什么呢?"⑥"市场上怎么有这么多我不需要的东西啊!"

可以看出,在如何对待欲望的问题上,在基本的人生观、人生态度上,总的方向"英雄所见略同";稍有的区别在于,佛门的要求可能更高、更激烈一些,而苏格拉底更平和、更容易接近一些。

3. 幸福不在天涯,就在自己心中

社会大众都喜欢谈幸福,那么在佛教看来幸福的根本是什么呢?是良好的心态。因为外在的一切都会变化,社会在变化,环境在变化,你也在变化,你的家庭、事业都在变化,也许有一天你所具有的一切都会突然失去,或慢慢失去,这些因素你控制不了,你唯一能控制的是你的态度,你的心情。佛教认为,一个人能否获得幸福,关键取决于心理素质。面对世间的风云变化,始终保持坦然淡定、宠辱不惊的心态。如果具有这一点,走到哪里都能立于不败之地。在各种各样的人生困境和挫败中,不少人精神失常乃至自寻短见,但也有不少人安然度过劫难。为什么在同样的社会变故中,人们所受到的伤害完全不同呢?就在于能否正确看待成败得失,在于对成败得失的执着程度。环境对人构成的伤害,与我们在乎的程度是成正比的。在乎,也就是佛教所说的执着。对感情特别执着的人,失恋就是伤害他的利刃。对事业特别执着的人,事业失败就是摧毁他的灭顶之灾。如果把这些得失看得很淡,无论结果如何,都不会构成很大的伤害。

佛教认为,幸福生活可以很简单,未必一定要多么富有。不少人富有得没时间享受,那种富有只是给别人看的。是不是在别人羡慕的目光中就能得到幸福?如果大家都觉得这个人很幸福,而他自己却觉得痛苦,那么他是幸福还是痛苦?如果大家觉得这个人很富有,而自己还感觉很贫穷,那么他是富有还是贫穷?人们常常将物质作为幸福的保障,当然,幸福离不开物质,当一个人穷得连饭也吃不上时,他固然谈不上幸福,但是,当金钱与物质满足了生存需要并且稍有盈余之后,金钱物质与一个人的幸福指数就关系不大了,金钱再多只是一个数字了,甚至会转化为烦恼与痛苦了。实际上,幸福只是个人的感受,因为人都是活在自己的心态中。有些人生活清贫,却怡然自得;有些人锦衣玉食,却烦恼重重。十万就能幸福吗?一百万就能幸福吗?谁也不能为此划定一个标准。可见,幸福无法具体地量化。

总之,幸福和痛苦只是主体的一种心理体验,压根没有绝对的客观的外在标准。换句话说,幸福不在天涯,而在自己心中。秦始皇连自行车都没有骑过,乘上马车就很满足,而现代社会里的平民百姓却可能为没有轿车坐而苦恼不堪。作家史铁生曾举例子说,"现代人得到一座别墅的幸福,不见得比原始人得到一块兽皮的幸福大;现代人失去一次晋升机会的痛苦,也不见得比原始人失去一根兽骨的痛苦小。"(《史铁生作品集》第一卷第 289 页,中国社会科学出版社,1995)

既然"欢乐和痛苦都不过是一种感觉",那么,任何人如果想得到幸福和欢乐,就不必向外去寻找那种客观的绝对的标准,也不要以外界的世俗观念为标准。一个人很有钱,有别墅、汽车和漂亮的妻子,别人也许很羡慕,但如果他自己不感到幸福,你就不能硬说他幸福。既然他不感到幸福,事实上他也就真的不幸福。幸福的标准不是外在的,而是内在的,只要你有一颗清醒而智慧的灵魂,无论在什么处境下,你都可以体验到欢乐,意识到自己是幸福的。于是无论谁都可以说"感谢命运"。

4. 做本分事,持平常心,成自在人

这几句话是我从北京大学哲学系教授、佛学专家楼宇烈的一个讲座中摘抄下来的。北京有个禅学社,请楼教授开讲座,他讲了怎样学佛、修禅,怎样把学佛和自己的生活结合起来。下面,我融汇他的意思,加上我的理解,对这几句话加以解释。

楼教授说:现在有很多人想了解佛教,特别是想了解禅宗。对于禅宗大家都觉得把握不定,因为禅宗的许多公案大家都不知道在说些什么,也不知道禅宗应该怎样来修正,怎样才能了脱生死,怎样才能明心见性。这些问题都是来自于将"禅"看成是和我们现实世界不一样的、很神秘的、在彼岸的一种境界。然而,"禅"并不是彼岸世界的东西,"禅"就在我们中间,"禅"也并不神秘,"禅"就是我们日常的生活、言论、行为和思想。"禅"并不是高不可攀的,它并不要求我们离开现实生活去寻找一个归宿。在这里我告诉大家,学禅就是要从你的本分事做起。

做本分事,就是做好你现在应做的事。河北赵县柏林寺是唐代赵州禅师的道场。有一次,赵州的弟子问什么叫"做本分事",他解释说:"树摇鸟散,鱼惊水浑"。树一摇鸟就飞了,鱼一惊水就浑了,这是很普通很自然的事情。学禅也是很普通很自然的事情,你现在在干什么,把它干好就是了。有人听了不解,会问"既然你已经这样了,那还要修什么呢?"这正是佛教所讲的"无修之修",这个比你想通过学一个什么方法去修是更难。因为就一般人来讲,他们都是不太安于自己的现状,总是手里做着一件事,心里想着另一件事,而且总觉得我手里做的这件事是委屈了我这个人,而我心里想的那件事才是真正适合我做的事。所以说要能够做好你手中的本分事不是一件很简单的事,而禅正是要在这个地方考验你,锻炼你。我们常常讲事情要从脚下开始,你怎样才能使得自己成为一个有修养的人?脱离你现在所做的事,这只能成为一个空想。禅不是一个空想,它是很具体的,就在你的面前。你要是能真正做到这第一步,你也就有了一个很好的开始,你也就开始认识到禅的真谛了。禅不是要让我们离开现实世界去幻想一个什么样的境界,而是就在现实生活中让你去体认你的自我。学生们经常会问这样的问题,"你有什么办法帮我解决种种烦恼啊?帮我解脱掉绑在我身上的种种绳索啊?"很多禅宗祖师们在回答他们的时候,就会反问"谁绑住你了?"没有人绑住你,是你自己绑住了你自己。我们有句话叫"自寻烦恼"。你自己有了分别心,自己讨厌这个现实生活环境,讨厌这么多的包袱,就想跳出这个现实生活环境去找一个清净的地方躲起来,可是有这样一个清净的地方吗?没有!看起来你是跳出了这个环境,可实际上你是放下这个包袱后又去背上另一个包袱,逃出了这个牢笼又去钻进另一个牢笼。所以,禅宗非常强调当下就觉悟到你的本性、本心是没有烦恼的,只是你自己把烦恼加在自己身上,所以禅宗的第一个宗旨就是"自性本来清净、原无烦恼",你要离开现实的世界去寻找一个清净的世界,本身就是一个烦恼,因为你找不到。所以我们要从当下的本分事做起,这是第一步。

第二句话是"持平常心"。

这句话和前一句话是相通的,但是它对你的要求又提高了一步。因为虽然你做好了本分事,但你是否还能做到对你所做的事没有什么计较?你是否在意别人对你所做的事的赞扬或批评,是否会因为别人说风凉话而心里不高兴,别人说了好话心里就很舒服?做好本分事不等于就保持了平常心。平常心就是该做什么做什么,不动心,不起念。

关于"平常心",佛教通过好多公案加以解释,楼教授从理论上也做了许多阐述。这里我不一一复述了。我来讲一个故事体会一下什么是"平常心"吧。

一位远近闻名的神箭手,射箭百发百中,有百步穿杨的神功。国王听说了,把他请进皇宫,想欣赏他的表演。国王说:"为了使表演不至于沉闷乏味,我来定个规则:如果射中靶子,赏 100 两黄金;如果射不中,罚你 50 两。请开始吧。"神箭手听了心情沉重,犹豫半天没有射出去,好不容易射出去了,结果却没中靶心。再射,仍不中,而且离靶心越来越远。射手非常痛苦,只好悻悻地离开王宫。国王问手下,他不是百发百中吗,怎么今天表现如此不堪?手下人说,他平日射箭,心态轻松,没有负担,所以发挥正常;今天你对他有赏有罚,他心里有负担了,所以发挥失常了。国王感慨地说,看来只有持平常心,才能成为当之无愧的神箭手啊!

神箭手的表现,在当今的体育赛场上一再得到印证。如乒乓球运动员,本来具有争夺冠军的实力,但就在关键时刻,由于太想赢了,或者太怕输了,心一有杂念,出手就犹豫不决了,结果很快就输了。他们不是输在技术上,而是输在心态上。可见,平常心就是一颗无杂念的心,对毁誉、利害、得失、成败不萦怀于心,就接近"道"了。佛家说平常心是道,平常心是佛,就是这个道理。

第三句话是"成自在人"。所谓"自在",就是自由自在。我们没有任何烦恼的束缚,那不就是自由自在了吗?做"自在人"是佛教所追求的最高境界。佛教里描写的佛、菩萨,他们所追求的就是一种大自在的境界。《心经》的第一句就是:观自在菩萨,行深般若波罗密多时,照见五蕴皆空,度一切苦厄。那么怎样才能成自在人呢?什么是大自在境界?禅宗里也有描写,就是"终日吃饭未曾嚼着一粒米,整日行走未曾踏着一片地"。这句话在一般的思维方式下是不好理解的,而佛教通过这个要说的是,你不要被这些外在的相状所牵动,你虽然整天在吃饭、走路,但不会被米、路这些外境所干扰,而你又始终没有离开这个外境。修禅并不是要你躲到什么深山老林里去,什么东西都见不着,好像这样就不会被外境干扰了。其实就算到了深山老林里面,要是你的心不净的话,你产生的种种妄想念头可能比你在这热闹的地方更多。禅宗讲你心净了,才能佛土净,心不净到哪儿都躲不掉。所以在这个花花世界里,如果你能做到对外境不起心、不起念、不着相,那你就自在了。

中国古代读书人也懂得这一点,他们受佛家启发曾提出两句名言:闭门便是深山,读书就是修行,庶近于上述佛家道理。笔者欣赏这两句话,曾想请人写了条幅挂在书房里。后来想,写什么条幅啊,写出来挂出来就有点作秀,有点显摆,甚至有点炫耀,就不自然了。它本来应该在心里,本来就在心里,甚至是在无意识里,所以根本不必写出来,更不必挂出来。

5. 因果论与努力论

台湾著名高僧圣严法师说,因果论和因缘论(缘起论)是佛教教义的两大支柱,掌握了这两论"便是掌握了整个佛教的教义",可见佛教是何等重视因果论。

什么是因果论?圣严说,"简单地说,因与果是因素与结果,所谓种瓜得瓜,种豆得豆,这讲的是同类因,得同类果,也有以不同因得不同的果,也有无法取得因与果相等的事实","因果观念从现实的事象上看,可以成为普遍的真理,比如说,如是因结如是果,又说

善有善报,恶有恶报。"(圣严法师:《佛学入门》第83页,陕西师范大学出版社,2008)

因果论或因果报应,总的看有一定道理,也符合客观事实。但是,世上也确有父慈子不孝,兄友弟不恭的例子,也有好人不得好报,恶人未得恶报,积善之家横遭灭门惨祸的事实,这又怎么说?圣严法师的解释是,因果律是通看三世的。人除了现在的一生,已有过去的无量数生,尚有未来的无量数生,善恶因果是贯穿了三世渐次受报的,业力的大小轻重,便决定了受报的先后等次。今生的修善作恶,未必即生受报;今生的祸福苦乐,未必是由于即生的因素;今生的多半遭遇,是由于往世业力的果报;今生的所作所为,多半尚待到后世感报。若把三世看通了,心里也就平服了。(同上第83~84页)

对于佛教的因果报应理论,各位怎么看?是不是有点玄?甚至是有点迷信?我的观点,如果从现象,从事实,从直接联系角度看,确实有点玄,确实像是迷信。你说三世贯通,现世所发生的事与前若干世相连,是前若干世的果报,今世所作所为的果报要到若干世后才能显现,这怎么证明?谁能拿一个真切的事实来我看看?事实是无法证实也无法证伪,即死无对证,所以对信奉"眼见为实,耳听为虚"的普通大众来说,似乎并不具有说服力。我小时候就怀疑因果论,总感觉"因果报应"说好听了是一种美好愿望,说不好听了是一种迷信。

但是,换个角度看呢?换个角度看就不一样。换个什么角度?换成哲学角度,精神实质的角度,长远的角度。从哲学上看,任何事物、事件、事实的发生,总是有一定原因的,事物的因与果之间一定是有联系的。既然如此,你要想得到什么果,你就要具备或者创造什么样的因;反过来,你的某种行为(言与行)作为因,必然会引出某种相应的果。例如,你与人为善,愿意帮助别人,自然会得到别人的好印象,别人也愿意与你交朋友,与你友好相处,你就活在一种和谐的人际关系中;反之,别人则会疏远你,让你孤独,让你活得不自在。你伤害了别人,就会引来别人的敌意、仇恨甚至报复,你让别人活不好你自己也别想活得好,你让别人不舒服你自己也别想舒服。再如,你在学习上、工作上付出了艰苦的努力,就会有所回报,你什么付出都没有,哪里来的回报?我们常说天上不会掉馅饼就是这个意思。看来,"因"与"果"之间,毫无疑问肯定有内在联系;从长远看,确实存在一种平衡律。

如果从哲学角度、从精神实质的角度看佛教的因果论,就会发现因果论中有积极的思想因素,这就是栖霞山云谷禅师所说的"命由我作,福自己求"。云谷禅师的意思是,既然有什么样的因就有什么样的果,那么你现在造什么样的因,既可以影响将来的果,也可以改变你原来的果,所以"命"实际上是由你自己来定的。换句话说就是,命运是由你自己掌握的,你要为你自己的命运负责,不要怨天尤人,推脱责任。所以,如果从精神实质上看因果论,其中蕴含着积极的人生态度和人生观,不但不是宿命论或定命论,而是不折不扣的努力论,进取论。

再往远处想一点,佛教的因果律中,不是有西方存在主义的影子吗?存在主义讲"存在先于本质",人的命运是由自己的选择决定的,因此每个人要为自己的人生负责。佛教和存在主义在"命由我作,福自己求"问题上相通了。

想通了上述道理,那些不愿付出努力而只是整天埋怨自己命运不好的人,心里或许就会受些启发,就会心安下来,从此不再埋天怨地,怨天尤人,而是振作起来,通过行动来改变自己的命运。

6. 普度众生的利他精神

释迦牟尼创立佛教的动机就是因为看到了天下众生的生老病死之苦,他的慈悲天性促使他发誓要救苦救难,普度众生,这才下决心出家修道,寻找让他们走出苦海的真理和途径,于是有了佛教。佛祖的思想及一生修为体现了彻底的利他精神,崇高的理想主义精神,佛教的一切活动,都围绕这一目标、宗旨进行。利他,是佛教思想、佛教教义的精髓。

最能体现这一精髓的是地藏菩萨的宏愿:"我不下地狱,谁下地狱","众生度尽方成正觉,地狱不空誓不成佛","我当为十方人作桥,令悉踏我上度法"。怎么样?听一听,想一想,如此彻底的为众生的幸福献出自己一切的奉献精神,如此彻底的无私无我的精神,难道不令人敬佩吗?!这样的宏愿,仅是在口中默念就让人热血沸腾,感动不已,感受到其中巨大的感召力。这样的精神让我常常联想起那些优秀干部和党员,自觉自愿要求到最艰苦的地方去,"他心中装着所有人,唯独没有他自己","全村人都住上了好房子,他最后一个搬出茅草屋"——诸如此类。把党员干部和佛教徒放在一块儿对比,可以吗?我觉得没什么不可以,我认为在精神境界上,他们是相通的、一致的,即都是崇高而伟大的。

这种崇高的利他精神具有神奇的巨大能量,会产生惊天地泣鬼神的行动力,可以使出家僧尼将最难以忍受的痛苦变成最深厚和最持久的幸福,为弘法利生不惜粉身碎骨。这种心灵的转换以及行为的付出,并不是出于强制和约束,而是自觉自愿承担宗教义务,这就是佛教常讲的"难行能行,难忍能忍"。这种虔诚的精神在佛教徒身上,更是作为一种基本心理素质而存在的。

佛教史上著名的例子,如东晋名僧法显,舍身求法,以五十多岁高龄西去印度。途中上无飞鸟,下无走兽,唯以死人枯骨为路标,历时 15 年,游历 30 余国,备受艰难困苦。伙伴十余人,或死或留,最后只剩法显一人携经归来。《法显传》跋文有:"于是感叹斯人,以为古今罕有。自大教东流,未有忘身求法如显之比。"与法显历经同样艰难困苦取经的是唐代和尚玄奘,就是《西游记》中被艺术化了的唐僧,他的事迹各位比较熟悉,此处不赘述。

再如唐代鉴真为东渡日本弘律,不顾年逾五旬("为了大法,何惜身命"),前后 6 次起行,历时 12 年之久。前 5 次都未成功,他的高足祥彦在途中身亡,他本人也因哀恸悲切,苦心焦虑而双目失明,但他毫无退悔之意,第6次终于战胜惊涛骇浪到达日本,实现了东传佛法的宏愿。

法显、玄奘、鉴真的事迹说明,有了坚定崇高的信仰,有了普度众生的博大胸襟,就会激发出不可想象的精神能量。

7. 众生平等的生命观

众所周知佛教提倡众生平等,这里的"众生"不但指人,也指所有"有情"的生命。也就是说众生平等不但指人与人之间平等,而且人与所有有生命的动物也平等。佛教这种观念所站的立场非常高远,超越时代、社会、阶级、民族,超越贫富贵贱,属于终极视角,宇宙视角。

从社会学角度看,众生平等反映了身处下层被歧视、被侮辱、被压迫人的要求,但是能做到吗?世界上哪个时代、哪个社会真正做到了人人平等?纵观历史和现实,没有过。但是,正因为没有过,才证明了这一要求的价值和意义,它树立了一个高远的目标吸引人类为之奋斗。因为有这目标在,才标示出人间现实的不合理,才激发起人们为改变现实而努力奋斗的激情。就这样,不平等(现实)——平等(理想)——不平等——,人类永远走在追求平等而不平等却永在,不平等永在却永远在追求平等的漫漫长途上。

换个角度,从自然伦理角度看,众生平等体现出人对于其他动物生命的尊重,破除了人类自我中心主义,消解了人类的轻浮狂妄,由此引出不杀生。这一观念绝对有利于环境保护,让人类和所有动物生存于和睦相处的同一个世界上。这是从世界观上为环境保护提供深层理论根据。

8. 慈悲为怀的同情心

由众生平等引出慈悲为怀的同情心。慈,是指慈爱众生并给予快乐,这是一片爱心;悲,同感其苦怜悯众生,并拔除其苦。这是一片同情心。佛教即是以大悲为怀来对待众生的。佛经中有"舍身饲虎"、"割肉贸鸽"的故事。前者讲的是一位王子见一只母虎和七只刚刚产下的小虎快要饿死,自己就从一座山上摔下来,让母虎吸食自己的血肉,来哺乳七只小虎。后者讲的是尸毗国王见一只老鹰捉到一只鸽子,正准备吃掉,国王愿意以自己身上与鸽子相同的分量的肉来换下鸽子,但他几乎割下所有的肉都不能使秤平衡,最后他跳入秤盘,秤方才平衡。佛经中慈悲救人的故事,与基督教的博爱是相通的,都标示出一种博大的人文情怀。

常有青年学生问我,"舍身饲虎"、"割肉贸鸽",太夸张了吧,骗谁呀!我说,是啊,你要把它当确实已经发生的真人真事,或许有点太夸张了;但是,你怎么那么死心眼呢?你难道不可以把它当艺术来看吗?中国神话中有"精卫填海"、"夸父追日"、"愚公移山"的故事,一个小鸟能填海吗?一个老头即使加上他的家人,能移动两座大山吗?对此你怎么没有疑问呢?因为这是神话。那么你为什么不可以把佛经中的故事也当作神话呢?佛经也是借助艺术的形式来宣讲教义,所以你从故事中能体会其崇高伟大的精神就对了。

六、佛教的文化策略

佛教的舍身求法,普度众生,灵魂至上,众生平等,四大皆空,六根清净,地狱不空誓不成佛,破执,放下,持平常心做自在人,等等等等,所有这些道德理想都很高蹈和超迈,让人感到高不可攀,须仰视才见。它的高蹈境界与一般人拉开了距离,在它的衬照下,芸芸众生显得非常卑微,自惭形秽,自觉不自觉感到压抑。这些高蹈超迈的道德理想和人生态度,对一般大众来说听听可以,但落实为行为却相当困难。换句话说,佛教高蹈超迈的道德理想和人生态度,作为对佛教徒的要求是可以的,但对于普通大众来说,确实显得太高了。

笔者认为,这不是佛教的缺点,而是它的优点,它的特质、特点(如果没有这些特质、特点就不叫宗教了)。因为,有距离,才给了芸芸众生努力的方向,攀登的目标。目标的高远决定了攀登的无休无止。目标的超世拔俗性标示了它的存在方位——永远存在于人类精神领域的上方或前方。在上方,才能对人的精神始终起着提升的作用,使之不至于向下沉沦(沉溺于沉重的肉身和物质的享受);在前方,才能对人的精神始终起着牵引的作用,使之不致于向后倒退(倒退到兽性的人——无道德无灵魂的一般动物)。一般来说,宗教代表了人的信仰,代表了对人类的终极关怀。"终极"和"现实"在人的精神空间中形成了上下、前后两个张力场,人类就在这两个张力场中游移。少了哪一个支点,人类生活就会失去平衡。人类所追寻的精神家园其实就在这二者的和谐与平衡中。现代生活使人更多地沉溺于物质和欲望而忽视或失去了终极关怀这一端,所以才导致了现代生活的扭曲、异化和灾难。在这种文化背景下提出终极关怀问题,其实质是呼唤重新树立起"终极"这一端,让"精神"、"灵魂"这些被冷落的字眼重新恢复神圣性,企图通过它的存在重新形成一种张力场,让人们的精神生活有一个崇高的目标和定位,让精神文明的构成中多一种重要的元素。

佛教道德理想和人生态度的超迈,超出了十方大众人性的承受力,以普度众生为宗旨的佛教能不知道吗?当然知道。知道了还要求这么高,原因何在?想来想去,让我感到这里似乎隐含着一种文化策略,我把它叫做"扒房开窗策略"或"取上得中策略"。这种归纳是受鲁迅的启发想起来的。1927年鲁迅在《无声的中国》这篇演讲稿中写道:

中国人的性情是总喜欢调和,折中的。譬如你说,这屋子太暗,须在这里开一个窗,大家一定不允许的。但如果你主张拆掉屋顶,他们就会来调和,愿意开窗了。没有更激烈的主张,他们总连平和的改革也不肯行。

——《鲁迅全集》第四卷第14页,人民文学出版社,2005

我感到佛教的文化策略也约略与此相似。佛教提出一个崇高的让人须仰视才见的目标,吸引你的精神向往,让你向着高峰一步步攀去,能走到哪儿走到哪儿,在你走的过程中,你就逐步提高了。相反,如果目标很低,一迈腿就可以过去了,就起不到感召、提高、吸引的作用。中国古人深谙这里的奥秘,多家都表达过这一意思。如,《论语》中说:"取乎其上,得乎其中;取乎其中,得乎其下;取乎其下,则无所得矣。"《孙子兵法》云:"求其上,得其中;求其中,得其下,求其下,必败。"唐太宗《帝范》卷四:"取法于上,仅得为中,取法于中,故为其下。"宋末元初时期的诗词评论家严羽在其《沧浪诗话》中曰:"学其上,仅得其中;学其中,斯为下矣。"可见,佛教和其他宗教的高蹈超迈是必要的,是有深远的文化意义和价值的。

总之,佛教的目标高远,超出一般人的承受力,世俗中人难以达到,但是佛教的文化精华又是值得汲取的。按照扒房开窗或取上得中原则,我们能不能折中一下,取中道而行之呢?我想应该是可以的。例如,佛教要求灭欲、放下,而你灭不了,放不下,怎么办?你看能不能这样:你本来有十个欲,心里塞得满满的,让你沉重、疲惫不堪,活得不自在;这时候你仰视一下佛教,想一想佛理,去一趟寺院,回来你减掉了一两个其实你并不需要的贪欲,你的心里就有了空间,就空灵一点,就不至于活得那么累、那么苦了。当然,不必要的东西减掉得越多越好,放下的东西越多你越轻松。这样,你既保留了必要的合情合理的欲望,你还有充足的人生奋斗的动力,又汰除了生命需要之外的额外负担,这不是很好吗?不是很智慧吗?总之,佛教是给你减压的,减负的,让你活得轻松愉快、让你心安自在但不是让你颓废的。这实在是多少金钱都买不到的智慧呀!你难道没认识到吗?! 在贪欲弥漫的心霾中有佛的清风吹来,你不感到清爽和自在吗?!

儒家讲中庸,佛教讲中道,这都是人生智慧的表现。在中道原则的启发下,敬仰佛教的世俗高人提出了诸多很开人心扉的妙语。如:

你不可能当和尚,但你不可没有当和尚的心。

以出世的精神,做入世的事业。(朱光潜评弘一大师)

以无声的觉悟做有声的事业,以悲观的体验过乐观的生活。(叶嘉莹)

佛并不是一个名词,并不是一个实体,佛的本意是觉悟,是一个动词,是行为,而不是绝顶的一处宝座。这样,"人人皆可成佛"就可以理解了,"成"不再是一个终点,理想中那个完美的状态与人有着永恒的距离,人即可朝向神圣无止地开步了。(《史铁生作品集》第三卷第322页,中国社会科学出版社,1995)

这些话都很精彩,值得借鉴。可视为今人对佛教的理解,也可以说是佛教对现代人的启发。

怀着忐忑不安的心情向各位汇报了我对佛教的一些看法,如有不妥,甚至错误,请各位多多批评指正。谢谢大家!

在此,附录常见的几种对佛教的误解。

①迷信的宗教:佛教是一种迷信,一种愚昧,是愚夫愚妇的宗教。

②有神论宗教:佛教是有神教,它是拜神的,依靠佛、菩萨来拯救自己。

③命定(宿命)论宗教:佛教是一种命定论,因为佛教讲因果报应,你前世造什么样的孽,今世就要受什么样的因果报应,因而是一种命定论。

④消极的、逃避社会责任的宗教:佛教是一种消极的、逃避社会责任的宗教,因为佛教讲看破红尘,主张遁世。

⑤求来世福报:信佛就是为了求得个人解脱,信佛是为了求得来生的福报。因为我前世造了很多孽,所以今世受这么多苦,那么我今世信佛,来世就可以有福报。

⑥求现世福报:把佛当人格神,信佛是为了求神保佑自己,求

现世福报。很多人到寺院烧香拜佛许大愿,求菩萨保佑,求升官、发财、生子、升学,求消灾祛病,求罪恶不被发现,等应验后再来还愿,和佛做交易。

⑦求神通:信佛就是为了求得一种神通,让佛显灵为自己服务。

结　语
心安其实很简单

心安问题,即灵魂归宿、精神家园问题,作为学术研究在学者那里可能很复杂,但回归生活、回到普通老百姓这里其实很简单,只要坚守那些最基本的价值观念和道德标准就可以了;或者说坚持那些最为基本的"理"就可以了。

例如,人生在世,一定要做好人而不做坏人,要做善事而不做恶事,要与人为善而不与人为恶,要诚信而不欺瞒,要认真踏实而不弄虚作假,对社会对家庭对他人要负责任、要敢于担当而不是相反。如果是为官,要廉洁而不是贪腐,要遵纪守法而不是贪赃枉法,要做君子而不是做小人,要尽职而不渎职。这些难道不是人类共同认知的最基本的道德底线吗?

人生,常常被看得很复杂;处世,常常被认为必须有技巧。然而事实并非如此。这里我向各位推荐日本人稻盛和夫的处世哲学供参考。

稻盛和夫(1932～)是日本乃至世界著名企业家,他所创办的两家企业在他有生之年均进入世界 500 强,在日本和松下幸之助一样,被称为"经营之圣"。稻盛和夫不仅是成功的企业家,而且还可以说是一位人生哲学家。在他看来,人生没有那么复杂,而是很简单——那就是只需遵守人类自古以来已奠定的最简单伦理与道德就行了。他说自己年轻时创设京瓷公司,既没有相关知识,也没有管理经验,完全是个门外汉。困惑到极点时最后决定把"不说谎、不给人添麻烦、诚实、不贪心、不自私自利"这些简单的规范,奉为经营的指导原则及为人处事的守则。他说:"我就是在这些原则的引导下从事经营,一路走来始终无惑地走在正确的方向,并且把公司带向了成功之路。""如果你问我成功的理由是什么?说起来或许就这么简单。……事情是否为人所当为,有没有违反根本的伦理与道德?我把这些当作为人处世最重要的原则而牢记在心,也在这一生中尽全力坚守至今。"(《活法》第 9 页,东方出版社,2009)

稻盛和夫的处世原则,单纯朴实,返璞归真,这是人类智慧的原点或元点,是以不变应万变的处世经典,是永恒的颠扑不破的真理。然而,正是这些简单素朴的真理被现代人视为"陈腐过时"抛弃了,人们按照自以为聪明的处世"术"生活,结果聪明反被聪明误,最后走上歧途,活得乱七八糟。与稻盛和夫相比,一个叫"大愚若智",一个叫"大智若愚",境界高下,不言自明。

以稻盛和夫、陶渊明,以及现实生活中那么多智者包括普通老百姓的活法为标本,为参照,我们说"心安其实很简单",难道是假的、空的、虚的么?!

综上所述,做所当做,想所当想,敬畏所当敬畏,为社会为他人尽其所能释放正能量,而不是相反;在明知不该的诱惑面前,头脑要清醒,多想后果,把可能出现的恶果像达摩克利斯之剑一样悬在头顶,心坚决点,不存侥幸之想,杜绝"一念之差";万一有错了,失足了,赶紧反省,诚心忏悔,坚决改正。这样就能永远立于心安之地,所以我们说——心安其实很简单。

这些话听起来多少有点儿像说教,似乎太严正了。是!我听着也有点像说教。不过,在我看来,说教并不都是贬义,这里我取正面义。人生在世,有些最基本的说教(颠扑不破的真理、必须遵守的基本底线)总还是免不了要听的啊!如果连最基本的说教都排斥、拒绝、抛弃,什么规范、约束都不要了,光想随心所欲,肆无忌惮,那支配人的是什么呢?那不成了一般动物了吗?那还是被叫做"人"(而不是"禽"和"兽")的这类高级动物的特征?!

行文至此,忽然想起关于"自由"的两种理解。流行的、惯性的、望文生义的理解是:自由就是想怎么样就怎么样,随心所欲,毫无约束;第二种理解是,自由是想怎么样偏不怎么样,我要管住我自己。"想怎么样偏不怎么样","自己管住自己"还叫什么自由?是,还叫自由,不过这不是一般的自由,而是理性的自由,意志的自由,思想的自由。而"想怎么样就怎么样"是感性的自由,欲望的自由,原始的自由,是自然性、本能性的随意释放,这是谁的特征?这不是一般动物的特征么?!而人毕竟不是"一般动物"而是"高级动物",人是有理性、有意志、有道德、有灵魂的呀!换句话说,自由是约束内的自由,没有约束的自由不是人类的自由。所以,在理性和意志的指导下,管住自己,做所当做,想所当想,敬畏所当敬畏,这是人之为人的根本。守住这一根本,心就能安,否则心就不安。

心安问题,与其说是理论问题,不如说是实践问题。因为,大道理谁都懂,关键看怎么做。基于这一理解,本书除了必要的理论辨析,用大量实例介绍了那些如何追求心安的人。这些人包括历史和当下现实生活中真实的人,以及艺术作品中的人(理想人格的典型)。看了他们的事迹,一切大道理就不用再讲了。榜样的力量是无穷的,接下来的事情,就看你如何做了。